Ulrich Görres

Secret EFT

Wie Sie das Gesetz der Anziehung mit EFT-Klopfen wirklich erfolgreich für sich nutzen

mit einem Zwischenruf von Günter Kieser

param

Bibliografische Information Der Deutschen Bibliothek

Die Deutsche Bibliothek verzeichnet diese Publikation
in der Deutschen Nationalbibliografie;
detaillierte bibliografische Daten sind im Internet über
http://dnb.ddb.de abrufbar.

Mit EFT werden erstaunliche Erfolge erzielt. Allerdings bedeutet dies nicht, dass sie sich bei Ihnen immer auf Anhieb einstellen. Manche Probleme sind sehr vielschichtig und brauchen eine detaillierte Ansprache. In solchen Fällen sollten Sie einen erfahrenen EFT-Spezialisten aufsuchen. EFT ist sehr sanft und bei den meisten Menschen sicher in der Anwendung. Es muss jedoch darauf hingewiesen werden, dass sich Menschen mit schweren emotionalen Störungen keinesfalls einer Selbstbehandlung unterziehen, sondern immer professionelle Begleitung suchen sollten. EFT und die Beschreibungen in diesem Buch ersetzen nicht den Besuch beim Arzt oder Psychotherapeuten. Wenn Sie EFT bei sich selbst anwenden, liegt die Verantwortung für Ihr körperliches und emotionales Wohlbefinden vollständig bei Ihnen.

Gestaltung ComGraphiX, Ahlerstedt
Gesamtherstellung Steinmeier, Nördlingen

ISBN 978-3-88755-264-0

www.param-verlag.de

Secret EFT

paramṃ

Das Gesetz der Anziehung und Evas Misserfolg

Nehmen wir an, Eva träumt von einem neuen Freund. Schon seit zwei Jahren ist sie solo. Ihr damaliger Freund hatte sie mit ihrer besten Freundin betrogen, das hat Sie nicht verzeihen können. Seitdem ist Sie auf Männersuche. Eva geht jedes Wochenende in die Disco, flirtet mit vielen Männern, aber es funkt nicht richtig. Keiner beißt an. Irgendwann entdeckt Sie das Gesetz der Anziehung und erfährt, wie sie es für sich nutzen kann. »Schön, das kann ich ja versuchen«, denkt sie, und erledigt alles nach Anleitung. Sie tut so, als ob sie Ihren Traummann schon gefunden hat, stellt sich vor, wie sie schmusend mit ihm tanzt, und sieht sich mit ihrem schwarzhaarigen Liebhaber in zärtlichen Nächten in ihrer Wohnung.

Zwei Wochen lang sendet sie täglich ihren Wunsch an das Universum aus: »Ich wünsche mir den Traummann mit schwarzen Haaren und schwarzen Augen.« Dabei fühlt sie sich, abgesehen von ein paar Zweifeln an der Aussage, eigentlich recht wohl. Nach zwei Wochen täglicher Wunschprogrammierung gibt sie vorschriftsmäßig den Wunsch an das Universum ab, und vergisst ihn erst einmal.

Doch mit dem Vergessen ist das nicht so ganz einfach: Unbewusst wartet sie auf die Erfüllung, hofft irgendwie auf Hinweise, etwa wenn Sie wieder in Kneipen Ausschau hält. Zwischendurch kommen ihr auch Zweifel, denn irgendwie ändert sich nichts. »Gut es braucht seine Zeit«, sagt sie sich. Aber auch nach drei Monaten, in denen Eva alles versucht hatte, ist es noch nicht zu der ersehnten romantischen Begegnung gekommen. Da denkt sie manchmal: »Gibt es das Gesetz der Anziehung vielleicht doch nicht?«

Zwischenruf

Doch, es gibt kosmische Gesetze und das Gesetz der Anziehung ist eines davon. Diese Gesetze arbeiten mit der gleichen Präzision, wie die Naturgesetze, die von der Wissenschaft formuliert werden, nur dass die kosmischen Gesetze auf der energetischen Ebene wirken und deshalb viel tiefgreifender und weitreichender sind.

Dieses Wissen ist uralt. Doch es ist auch immer wieder neu, weil es aus irgendeinem Grund immer wieder verloren geht. Wenn wir verstehen, warum das so ist, wird auch klar, wo wir den Hebel für ein glückliches Leben wirklich ansetzen müssen. Auch soll das kosmische Gesetz selbst etwas genauer betrachtet werden, um seine Wirkungsweise zu verdeutlichen. Doch dies ist nur Einstimmung für das Wesentliche. Der Hauptteil dieses Buchs beschäftigt sich mit der Technik, wie Sie das kosmische Gesetz der Anziehung wirklich erfolgreich in Ihrem alltäglichen Leben nutzen können, um Ihre Ziele zu verwirklichen, denn das ist es doch, was uns wirklich interessiert.

Es gibt ein Gesetz, das Energie fließen und wirken lässt. Und es ist wirklich faszinierend, es genau zu verstehen und beschreiben zu können. Im Alltag interessiert mich das jedoch nicht eigentlich. Ich will wissen, wie ich es nutzen kann, und wenn jemand anfängt, mir einen Vortrag über Elektrizität zu halten, dann sage ich bald, er soll mir nur sagen, was ich tun muss: Den Schalter drücken und das Licht geht an. Einen solchen Schalter für das kosmische Gesetz bekommen Sie mit diesem Buch in die Hand.

Das Gesetz der Anziehung

Die moderne Atomphysik hat unser Denken tiefgreifend verändert, denn sie zeigt beispielsweise, dass Raum und Zeit nicht die festen Größen sind, als die wir sie im Alltag erleben, und all die Dinge um uns herum kaum mehr als eine Illusion sind, nämlich etwas vibrierende Energie in einem unendlichen Nichts. Einige Atomphysiker haben inzwischen so tief in die Schöpfung geschaut, dass sie den Materialismus aufgeben mussten, der einmal am Anfang der modernen Naturwissenschaften stand. Vielmehr bestätigen ihre Erkenntnisse die Beschreibungen vieler uralter Weisheitslehren in der Formelsprache unserer rationalen Zeit.

Diese Erkenntnisse sind nicht leicht zu verstehen, weil sie unserem sinnlichen Erleben zu widersprechen scheinen. Es soll hier auch keine Physik-Vorlesung abgehalten werden, denn der wirkliche

Beweis ist immer nur die eigene, direkte Erfahrung. Die Erkenntnisse der Physiker ermuntern uns allerdings, für Erfahrungen offen zu sein, die wir sonst aufgrund unserer gesellschaftlichen Prägung von vorne herein ausschließen würden.

Abgesehen von der Erkenntnis, dass es auf der subatomaren Ebene, am Grunde der physischen Welt, weder Raum noch Zeit gibt, ist wahrscheinlich eine Beobachtung besonders erschütternd: Unser Denken wirkt direkt verändernd auf die Materie! Für viele ›alte‹ Naturwissenschaftler ist dies reine Ketzerei. Aber es ist inzwischen experimentell nachgewiesen.

Wie kann das sein? Wie kann unser Denken materielle Dinge verändern? Wer die kosmischen Gesetze kennt, stellt diese Frage nicht. Die feine Energie, die wir bewegen, wenn wir denken, liegt der gröberen Energie zugrunde, die Atome, Moleküle und alle Gegenstände des täglichen Lebens darstellt. Das ist auch ganz einfach zu beobachten: Zuerst kommt der Gedanke als schöpferischer Impuls, dann gibt der Entschluss zu handeln die Richtung an und dann erst entsteht das materielle Ding.

Woher kommen all die Mythen und Märchen von Zauberern, die alles Gewünschte einfach materialisieren können? Sind das nur ›Kindereien‹? Und die unzähligen Berichte über zumeist indische Heilige, die allerlei Gegenstände aus »dünner Luft« hervorholen? Ist das bloßer Wahn, alles Betrug? Und Jesus, der mit einem Brot und einem Fisch Tausende gespeist hat? Biblische Märchen? Tatsächlich gehen Physiker inzwischen so weit zu postulieren, die Materie, die Schöpfung, sei aus einem Gedanken hervorgegangen. Am Anfang war das Wort.

Wenn wir diesen Aspekt des kosmischen Gesetzes ernst nehmen, dass also unser Denken die Realität erschafft, dann kennen wir »das Geheimnis«. Es gibt Menschen, denen gelingt einfach alles, und es gibt andere, die bekommen nichts zustande. Oberflächlich betrachtet tun sie womöglich das gleiche, aber die Ergebnisse unterscheiden sich wie Tag und Nacht. Das kosmische Gesetz erklärt den Unterschied, denn nicht das Handeln bringt den Erfolg, sondern das Denken.

Wir können diesen Mechanismus auch das »Gesetz der Anziehung« nennen: Was ich aussende, kommt zu mir zurück.

Auch das ist im Alltag leicht zu beobachten. Wenn ich einen Ball gegen eine Wand werfe, prallt er zu mir zurück. Die Wirkung entspricht der Ursache, das ist ein physikalisches Gesetz. Daraus lässt sich ableiten, wenn ich hart arbeite, werde ich viel Geld verdienen. Doch das stimmt offensichtlich nicht. Viele Menschen arbeiten hart, verdienen aber schlecht. Andere dagegen arbeiten weniger hart und leben im Überfluss.

Es sind die Gedanken, die den Unterschied machen, weil das Denken mächtiger ist, als das Handeln. Wenn ich beim Arbeiten immer daran denke, dass ich schlecht verdiene, kommt nach dem Gesetz der Anziehung genau das auch zu mir zurück und ich werde schlecht verdienen. Wenn ich bei der Arbeit dagegen fortgesetzt an den Überfluss denke, den sie mir einbringt, dann kommt nach dem Gesetz der Anziehung Überfluss zu mir. Es ist das Denken, es ist die Gesinnung, die den Unterschied macht.

In Märchen und Mythen wird das Gesetz der Anziehung seit alters her beschrieben. Wir wissen nicht genau, wie alt die Märchen sind, aber ihre Quellen reichen mehrere Tausend Jahre zurück. Das zeigt, wie alt das Wissen um das Gesetz der Anziehung tatsächlich ist. Im Märchen erscheint ein astrales Wesen, also eine Fee, ein Geist oder der liebe Gott persönlich, und gewährt dem Helden drei Wünsche. Er muss nur aussprechen, was er haben will, und schon hat er es. Gern wird dann auch gezeigt, wie die Gesinnung, also das Denken, den Unterschied macht. Der eine, der Held, der ›Gute‹, bekommt durch seine Wünsche alles, was er zum Leben braucht, während der andere, der ›Böse‹ sich beispielsweise zuerst über sein störrisches Pferd ärgert und ihm den Tod wünscht; dann seine Frau beneidet, die bequem zu Hause sitzt, während er den schweren Sattel schleppen muss, weswegen er sich wünscht, sie säße auf dem Sattel und käme nicht herunter; und schließlich zuhause angekommen seinen letzten Wunsch darauf verwenden muss, seine zeternde Frau von dem Sattel wieder herunterzubekommen.*

*Grimm: Kinder- und Hausmärchen. Nr. 87: Der Arme und der Reiche

Die drei Wünsche sind natürlich eine Metapher. Drei ist die mythische Zahl und bedeutet das Geheimnis. Das Wünschen selbst ist nicht begrenzt. Der Held könnte sich ja auch rein theoretisch als dritten Wunsch jeweils drei neue Wünsche wünschen und so die Gabe unbegrenzt nutzen. Die Begrenzung durch die Zahl Drei soll vielmehr verdeutlichen, wie die Wirkung des Gesetzes der Anziehung verspielt werden kann. Das kosmische Gesetz wirkt immer. Was wir aussenden, kommt zu uns zurück. Das Geheimnis liegt im richtigen Denken, also darin, das Richtige auszusenden, um das Gewünschte zu empfangen. Und genau davon erzählen die Märchen, bei denen es um das Wünschen geht. Und genau darum geht es in diesem Buch.

Das Geheimnis

Wie eingangs gesagt, ist das kosmische Gesetz seit vielen Jahrtausenden bekannt und wird in Überlieferungen, Religionen und Schriften beschrieben, die bis heute erhalten sind. In den verschiedenen Epochen und Kulturen ist die immer gleiche Wahrheit nur jeweils anders formuliert worden und das Gesetz hat wechselnde Namen, aber im Kern ist die Botschaft immer die Gleiche: Das Denken erschafft die materielle Wirklichkeit.

Unsere Umwelt, unsere Lebensumstände sind so, wie wir sie erschaffen. Das ist für manchen starker Tobak und fordert zum Widerspruch heraus, vor allem, wenn seine Lebensumstände *nicht* so sind, wie er sie *eigentlich* haben will. Doch die Spatzen pfeifen es von den Dächern: *Wie du in den Wald hineinrufst, so schallt es heraus*. Und in der Bibel steht es schon immer: *Wie du säest, so wirst du ernten*. Das Gesetz selbst ist also kein Geheimnis. Das Geheimnis liegt ganz woanders.

Erfolgreiche Menschen aller Epochen kannten das kosmische Gesetz, wendeten es an und sind bis heute der lebende Beweis für seine Wirksamkeit. Aber wenn dieses Wissen so alt ist, warum leben nicht längst alle Menschen nach dieser an sich einfachen Regel ein Leben, wie sie es sich erträumen?

Weil es ein Geheimnis ist? Nein, es ist ja nicht wirklich ein Geheimnis. Es ist seit Jahrtausenden bekannt. In jeder normalen Bibliothek werden Sie mehrere Büchern finden, in denen so oder so beschrieben wird, dass wir (materiell) anziehen, was wir (geistig) aussenden. In den heiligen Schriften der ganzen Welt wird dieses Gesetz der Anziehung beschrieben, auch in der Bibel.

Trotzdem können wir sehen, dass von Zeit zu Zeit ein ›Prophet‹ kommt, der dieses Gesetz neu verkündet und es dabei den aktuellen Bedürfnissen und der Sprache seiner Zeit anpasst. Offensichtlich ist das wertvolle Wissen in der Zwischenzeit allgemein verloren gegangen. Doch wie kann es nur sein, dass ein solches, für jeden an sich so wichtiges Wissen überhaupt verloren geht? Das ist das eigentliche Geheimnis.

Das Phänomen

In Kulturen der Frühgeschichte war das kosmische Gesetz ein Geheimnis, das von Gottkönigen gehütet wurde, um ihre Macht zu erhalten. Später verselbständigte sich die Priesterschaft und es entstanden vom Staat unabhängige esoterische Schulen. Das geheime Wissen wurde dadurch zwar

Der Wunschbaum

Ein Wanderer macht nach einem mühsamen Tag Rast. Er setzt sich in den Schatten eines alten Baums, lehnt seinen müden Rücken gegen den Stamm und streckt die Beine aus.

»Wie schön«, denkt er, »wäre jetzt ein kühler Trunk.« Da steht auch schon eine Karaffe vor ihm. Der Wanderer ist verblüfft, nimmt aber doch sogleich einen tiefen Schluck.

So erfrischt denkt er: »Wie schön wäre jetzt ein Mahl dazu.« Im gleichen Moment steht vor ihm ein Tisch, sauber gedeckt mit feinem Geschirr und köstlichen Speisen.

Der Wanderer betrachtet die Tafel und denkt, ein bequemer Sessel könnte gut sein, da kann er auch schon Platz nehmen. Er isst und trinkt, wünscht sich Musik dazu und Tänzer, und als die Dämmerung einbricht, einen Kerzenleuchter.

Als er sich so reichlich erfrischt und gestärkt hat, denkt der Wanderer: »Wenn ich jetzt noch ein Bett hätte, wie schön wäre das!« Da liegt er auch schon auf einem weichen Lager. Und kurz bevor er einschläft, schon halb im Traum, denkt er noch: »Wenn jetzt der Tiger kommt.«

aus: Ginsberg, Yvonne (Hrsg.): Glücksmomente. Erleuchtende Aha-Geschichten. Ahlerstedt 1998³. ISBN 978-3-88755-333-3 zugänglicher, aber es war so in Riten und Symbole verschlüsselt, dass ein Außenstehender es nicht ohne weiteres verstehen konnte, selbst wenn es ihm zugänglich war.

Die Wahrheit lässt sich jedoch nicht unterdrücken, die letzte Wahrheit schon gar nicht. Das kosmische Gesetz ist von so vitaler Bedeutung, dass es sich zwangsläufig Stück für Stück seinen Weg an die Öffentlichkeit gebahnt hat. In unserer demokratischen Zeit liegt es nun für jedermann offen dar. Doch auch das hat an sich nicht viel geändert, denn die meisten Menschen gehen achtlos daran vorbei, weil sie aus sich heraus den Wert der kosmischen Wahrheit nicht erkennen oder ihr aufgrund angelernter Überzeugungen jegliche Bedeutung absprechen.

Doch wie früher kommt auch heute von Zeit zu Zeit ein Prophet, um die Wahrheit erneut zu verkünden. Heute sind die Propheten zumeist Buchautoren oder Filmemacher. Und wenn sie die Bedürfnisse der Zeit richtig erspüren und die Sprache der Menschen treffen, dann haben sie mit ihrer Verkündigung großen Erfolg, denn wenn ihnen die Wahrheit ›mundgerecht‹ präsentiert wird, spüren die meisten Menschen tief in ihrem Inneren und selbst »wider besseres Wissen«, dass es die Wahrheit ist. Dass diese Verkündigungen offenbar in immer kürzeren Abständen erfolgen, mag an den schnellen Informationssystemen liegen, die uns heute alles Wissen der ganzen Welt und aller Epochen auf Knopfdruck auf den Monitor bringen. Es kann aber auch ein Zeichen dafür sein, dass wir uns immer schneller einem Zustand nähern, wo wirklich alle oder zumindest die Mehrheit das kosmische Gesetz kennt *und* nutzt.

Propheten üben immer eine große Anziehung aus, oder vielmehr ist es die von ihnen verkündete Wahrheit, von der die Anziehung ausgeht. Sie berührt etwas in uns, ganz tief, am Grunde unseres Wesens. Die Wahrheit dringt mit großer Kraft durch all die Vorstellungen, Erwartungen und Projektionen hindurch, mit denen wir aufgewachsen sind und die unser Denken sonst auf das Übliche beschränken.

Diese tiefe Berührung löst in vielen eine starke Reaktion aus, die ihnen Kraft gibt, die Wahrheit ernst zu nehmen und das kosmische Gesetz wirklich anzuwenden. Und dann funktioniert es auch!

Das setzt Begeisterung frei und reißt mit. Es entsteht eine Massenbewegung, ein *Hype* wie es heute so schick heißt. Und wenn sehr viele Menschen das Gesetz der Anziehung in ihrem Alltag anwenden, dann werden natürlich auch entsprechend viele positive Erfahrungen damit machen. Der Horoskop-Effekt kommt dann noch hinzu, nach dem Zutreffendes herausgestellt und nicht Zutreffendes unbewusst übergangen wird. Eine starke Energie entsteht und die reißt viele mit.

Doch dann. Wer sich nicht selbst bewegt, sondern mitreißen lässt, kommt irgendwann wieder zum Stehen. Dafür verantwortlich ist eine widerstrebende Kraft, die offensichtlich in ihnen ist. Der Widerstand muss schon vorher da gewesen sein, weil das Geheimnis nicht erkannt und angewendet wurde. Dann kommt die große Bewegung mit ihrer kollektiven Energie und reißt mit, überlagert die widerstrebende Kraft. Doch sowie der Hype abklingt und die Welle mitreißender Energie verebbt, dominiert die widerstrebende Kraft wie zuvor. Das ist der Grund, warum das Geheimnis nach seiner Offenbarung für die meisten früher oder später wieder zum Geheimnis wird. Ihr innerer

Widerstand steht ihnen im Wege. Dann wenden sie sich resignierend von der Wahrheit ab und machen weiter wie zuvor. Alles sei nur eine Masche gewesen, ein Schwindel, legen sie sich dann zurecht, weil sie sich des inneren Widerstands nicht bewusst sind. Dieser innere Widerstand ist das wirkliche Geheimnis.

Die Methode

Wissen verändert nichts, wenn es nicht umgesetzt wird. Wenn ich also weiß, dass ich genau das anziehe und in mein Leben hole, was ich aussende, und wenn ich weiß, dass es das Denken ist, das den Erfolg des Handelns bestimmt, dann muss ich nur ›richtig‹ denken. Doch genau das ist das Problem.

Wenn Sie das Gesetz der Anziehung nutzen wollen, müssen Sie also nur die richtigen Gedanken aussenden. Es wird empfohlen, dass Sie sich in den erwünschten Zustand hineinversetzen und so denken und handeln, als sei er schon erreicht. Dadurch erschaffen Sie die Gedankenkraft, die Ihren Wunsch realisiert.

Der Konzeptkünstler Timm Ulrichs wurde bekannt, als er auf der Dokumenta solche Visitenkarten verteilte:

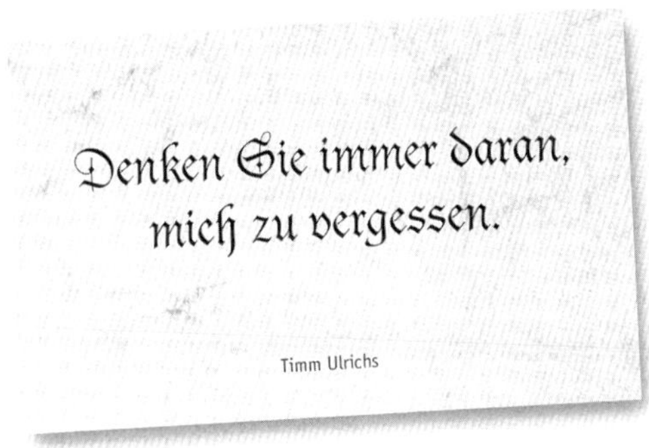

Nehmen wir an, Sie wünschen sich eine Villa. Sie stellen sich also Ihre Villa in allen Details vor und sind ganz sicher, dass Ihnen die Villa bereits gehört. Die Verwirklichung wird bald eintreten. Es ist Ihre Villa!

Wenn Sie Ihre Gedanken dabei ganz genau beobachten, werden Sie sehr wahrscheinlich feststellen, dass etwas Unkontrollierbares geschieht. Sie denken an Ihre Villa und schwelgen in der Vorstellung, dass sie Ihnen bereits gehört, aber parallel dazu gibt es auf einer sehr feinen Ebene eine lautlose Stimme, die genau das Gegenteil ausdrückt. Diese Stimme kann so subtil sein, dass man sie zunächst gar nicht wahr nimmt. Man ist ja auch an diese Stimme gewöhnt und hat gelernt, sie zu überhören.

Die Gedanken an Ihre Villa können stark sein, doch diese verborgene Stimme aus dem Hinterhalt schwächt sie. Vielleicht spottet diese Stimme über Sie oder sie zweifelt und argumentiert und so fort. Sie können sich noch so sehr anstrengen, die positiven Gedanken an Ihre Villa zu denken, die widersprechende Stimme hat ein Eigenleben, das sich Ihrer Kontrolle entzieht und Ihrer Villa immer wieder das Fundament wegreißt.

Woher kommt dieser innere Widerstand? Jeder Gedanke löst Energieströme im Körper aus und verändert dadurch seine Struktur: eine Hand wird bewegt, ein chemischer Prozess ausgelöst und so fort. Wenn wir eine Erfahrung machen, löst das Gedanken aus und führt zu entsprechenden Veränderungen. Weil das System regenerationsfähig ist, wird es diese Veränderungen in der Ruhephase wieder ausgleichen. Wenn die Erfahrung aber sehr ergreifend ist oder sich eine bestimmte Erfahrung immer wieder wiederholt, kommt es zu bleibenden Veränderungen im System. Und diese Veränderungen wirken auf die Energieströme (Gedanken) ein.

Stellen Sie sich vor, dass Sie von einer Villa träumen und eine Kapitalanlage getätigt haben, um das nötige Geld dafür zusammenzusparen. Monat für Monat zahlen Sie einen größeren Betrag ein und träumen von Ihrer Villa. Dann macht der Anlageberater Konkurs und Ihr ganzes Geld ist mit einem Schlag futsch. Man hat Sie übers Ohr gehauen. Wenn Sie fortan eine Villa sehen oder nur an ein schönes Heim denken, wird das keine Hochgefühle mehr in Ihnen auslösen, weil sich sofort die negative Erinnerung meldet. Die positive Energie, die mit der Vorstellung an ein komfortables Heim verbunden ist, wird durch den im System eingelagerten Widerstand umgekehrt zu einer negativen Energie. Wenn Sie sich unter diesen Voraussetzungen eine Villa wünschen, werden alle Gedanken, die Sie aussenden, mit dieser negativen Energie verbunden und das Gesetz der Anziehung bringt Ihnen genau das, was Sie (unbewusst) aussenden, nämlich *keine* Villa.

Es ist wie bei einem Elektrogerät, bei dem Sie die Batterie falsch gepolt eingelegt haben. Das Gerät ist intakt, die Batterie ist geladen, aber es läuft nicht.

Wenn Sie also das Geheimnis der Anziehung wirklich erfolgreich nutzen wollen, dann sollten Sie zuvor die eingelagerten Widerstände neutralisieren, damit die positive Energie, die Sie aufbauen, nicht in negative umgekehrt wird. Und wie Sie das ganz leicht tun können, wie Sie Ihr System darauf einstimmen, das Gesetz der Anziehung erfolgreich zu nutzen, davon handelt dieses Buch. Es liefert Ihnen einen einfachen Schlüssel, eine funktionierende Technik. Sie müssen nichts glauben, sich nichts einreden oder sich in irgendwelche mehr oder weniger euphorische Stimmungen versetzen. Eine Technik ist eine Technik und das heißt, man muss nichts mehr – und nichts weniger – als sie anwenden.

Täglich werden uns in den Medien Menschen gezeigt, die glücklich und erfolgreich sind. Die meisten denken, diese Menschen wären glücklich, weil sie erfolgreich sind. Aber vielleicht sind sie erfolgreich, weil sie glücklich sind.

Die eingelagerten Widerstände, die energetischen Blockaden (sog. Umkehrungen) machen einen Menschen unglücklich, weil sie das Ergebnis schlechter Erfahrungen sind. Und die unglücklichen Gedanken führen nach dem Gesetz der Anziehung dazu, dass die Handlungen dieses Menschen nicht den erwünschten Erfolg zeitigen. Deshalb liegt der Schlüssel darin, zunächst dafür zu sorgen, dass die Energie frei fließen kann. Das freie Fließen der Lebensenergie erleben wir als Glück. Und erfüllt von Glück werden unsere Handlungen von Erfolg gekrönt. Überzeugen Sie sich selbst, probieren Sie es aus.

Evas Traummann

Eva wünscht sich einen romantischen Liebhaber und hat wenig Erfolg mit Ihren Wunschprogrammierungen. Viele Menschen geht es, obwohl sie stark motiviert sind, genau so. Der Grund: Wie bei Eva laufen im Unterbewusstsein widerstrebende Programme gegen die Wünsche ab. Nicht aufgearbeitete negative Erlebnisse, die Ängste, seelische

Schmerzen und Zweifel antreiben, behindern den Erfolg.

Nach dem Gesetz der Anziehung kann Evas Wunsch deshalb gar nicht in Erfüllung gehen. Denn das Gesetz der Anziehung erkennt die tatsächliche Schwingung hinter ihrem bewussten Willen. Und wir ziehen eben genau das an, was wir gefühlsmäßig aussenden. Die vielen unbearbeiteten negativen Gefühle und Gedanken von Eva ziehen entsprechend Negatives an. Sie ist noch nicht offen für einen neuen Freund. Wahrscheinlich gab es genügend Gelegenheiten, in denen sie einen Mann hätte kennen lernen können. Aber sie konnte die Signale in diesen Situationen nicht richtig deuten und umsetzen. Die negativen Gefühle haben die Zusammenarbeit mit der Resonanz des Universums überdeckt und so verhindert.

Wie hätte Eva Ihren Traummann durch eine Wunschprogrammierung erfolgreich finden können? Die Lösung liegt sozusagen auf der Hand oder genauer in den Fingern. Eva hätte erst einmal ihre gespeicherten Widerstände also die negativen störenden Schwingungen wie Ängste, Zweifel oder Glaubenssätze abbauen müssen, um eine gesunde

Erfolgreich wünschen mit EFT

Um das Gesetz der Anziehung erfolgreich zu nutzen und die eigenen Wünsche Wirklichkeit werden zu lassen, müssen zunächst die Störungen im eigenen Energiesystem neutralisiert werden, damit die Kommunikation mit dem Universum, der energetischen Umwelt, nicht behindert wird.

Mit dieser Aufgabe beschäftigt sich inzwischen eine ganze Disziplin, die als *Energetische Psychologie (EP)* bezeichnet wird. Die EP hat eine ganze Reihe von Methoden entwickelt, auf das menschliche Energiesystem einzuwirken und die Lebensenergie wieder frei fließen zu lassen. Weil blockierte Energie nicht nur das Wünschen behindert, sondern letztlich zu Krankheit und Gebrechen führt, geht die Anwendung von EP-Techniken weit über die Wunscherfüllung hinaus.

Grundlage der EP ist das menschliche Energiesystem, wie es in der Akupunkturlehre beschrieben wird. Sie beschreibt Energiebahnen, die sogenannten Meridiane, und auf diesen Bahnen bestimmte Punkte, auf die eingewirkt wird, um den Fluss der Energie in den Bahnen zu normalisieren. Diese Lehre war in den Augen der medizinischen Wissenschaft bislang reine Esoterik, doch die moderne Biophotonenforschung kann die Meridiane inzwischen mit wissenschaftlichen Methoden sichtbar machen und damit beweisen.

Der Psychologe Roger Callahan machte vor etwa zwanzig Jahren zufällig eine Entdeckung, mit der die EP begann. Er beschäftigte sich u. a. mit dem Meridiansystem und der Akupressur, wobei die Punkte nicht wie bei der Akupunktur mit Nadeln gestochen, sondern nur mit der Fingerspitze beklopft oder gedrückt werden. Als eine Patientin mit einem Angstgefühl konfrontiert war, bat er sie intuitiv, einen bestimmten Akupunkturpunkt zu klopfen. Die Angst verschwand augenblicklich.

Mit dieser Episode begann eine Synthese östlicher und westlicher Medizin, die schnell immer weitere Kreise zog. Einer der hervorragenden Vertreter dieser neuen Richtung ist Gary Craig, der in langen Versuchsreihen, eine bestimmte Folge von

Klopfpunkten entwickelte, die universell wirkt. Zusammen mit ergänzenden Methoden nannte er seine Entwicklung *Emotional Freedom Techniques* (EFT; die Technik der emotionalen Freiheit).

Eine emotionale Form der Akupunktur

Bei der Klopfakupressur EFT tippen Sie auf bestimmte Akupunkturpunkte. Diese leichten Impulse führen meist zu spürbaren Erleichterungen von unangenehmen Gefühlen bis hin zu Lösungen von psychischen und körperlichen Problemen. Es ist eine Art emotionale Akupunktur, bei der keine Nadeln gesetzt werden. Während Sie sich auf ein emotionales oder körperliches Problem konzentrieren, klopfen Sie mit Ihren Fingern die Punkte und beseitigen so energetische Störungen. Dadurch wird die Ursache für unangenehme Gefühle, wie sie Eva hatte, aufgelöst und Ängste, Zweifel, Trauer, Nervosität, Aggressionen oder Ärger verschwinden. Alle Emotionen und Schmerzen werden durch den Klopfreiz angenehm beeinflusst. EFT löst Unstimmigkeiten im körperlichen Energiesystem auf und ermöglicht damit eine erfolgreiche Ausstrahlung an das Universum. Die aus dem Unterbewusstsein kommende negative Vibration wird neutralisiert. Sie sind in der Lage, positive Energie nach außen zu strahlen, und das heißt, die Wünsche, die Sie aussenden, tragen die Energie zur Erfüllung in sich.

Wie sich negative Gefühle entwickeln

Energie muss fließen, das ist ein naturgemäßes Gesetz. Wenn es uns gut geht, fließt sie frei von Irritationen durch unseren Körper und wir können entspannt senden und empfangen, offen sein für unsere Umwelt. Wird der Energiefluss aber durch Ereignisse, die für uns belastend waren, unterbrochen, entstehen Störungen, die negative Gefühle auslösen und uns blockieren. Etwa wenn wir uns wie Eva daran erinnern, wie uns ein Partner mit unserem besten Freund betrogen hat. Alle dabei erlebten Gefühle, wie Eifersucht, Ärger oder Wut sind ja gespeichert und wenn diese Gefühle nicht vollständig verarbeitet wurden, kann der

Gedanke daran eine Störung im Energiefluss auslösen. Gary Craig formuliert das so:

Die Ursache aller negativen Emotionen ist eine Störung innerhalb des körpereigenen Energiesystems.

Mit EFT können wir die energetischen Störungen auflösen und so Ängste beseitigen und mehr Glück, materiellen Wohlstand und Gesundheit anziehen.

Die Technik

Der Entwickler Gary Craig hat die EFT so gestaltet, dass sie jeder ohne Vorkenntnisse lernen und anwenden kann. Während Sie sich mit einem Problem beschäftigen beziehungsweise es aussprechen, klopfen Sie bestimmte Akupunkturpunkte und neutralisieren damit energetische Störungen, die mit diesen Gedanken beziehungsweise Problemen verbunden sind. Sie verdrängen Ihr Problem also nicht, sondern richten Ihre Aufmerksamkeit darauf, während Se durch das Klopfen die Störungen beseitigen und den Energiefluss harmonisieren.

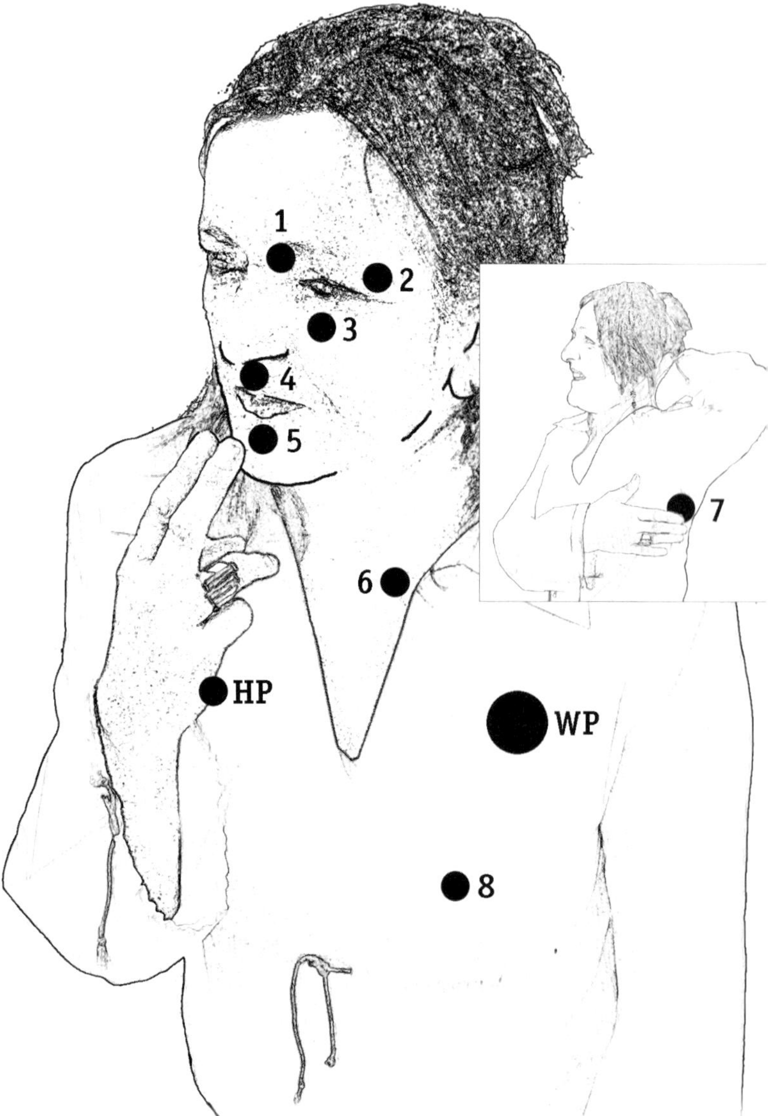
1
2
3
4
5
6
7
HP
WP
8

HP	Handkantenpunkt
WP	Wunder Punkt
1	Anfang der Augenbraue
2	neben dem Auge
3	unter dem Auge
4	unter der Nase
5	unter der Lippe
6	unter dem Ende des Schlüsselbeins
7	unter dem Arm
8	unter der Brustwarze
9	Außenkante des Daumennagels
10	Außenkante des Zeigefingernagels
11	Außenkante des Mittelfingernagels
12	Außenkante des kleinen Fingernagels

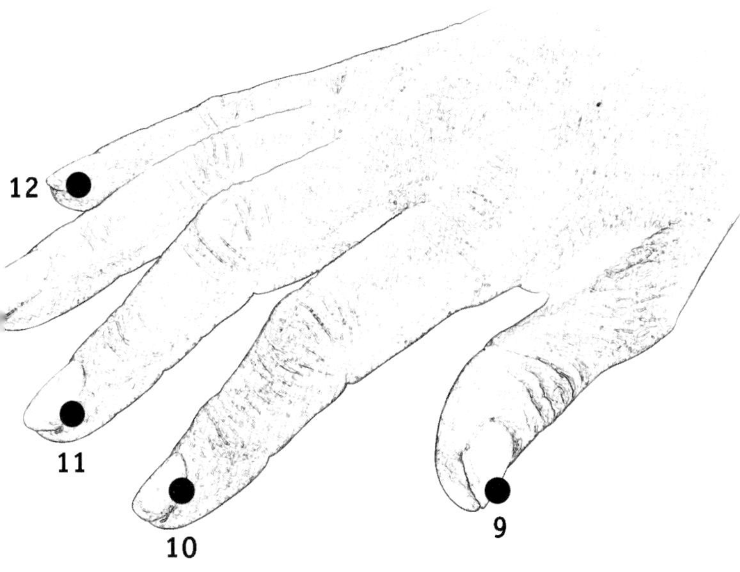

Der Ablauf: Sieben Schritte

1. Schritt: Entscheiden Sie sich

Entscheiden Sie sich, welches Problem Sie klopfen wollen. Überlegen Sie sich, ob Sie wirklich bereit sind, es loszulassen. In unserem Beispiel möchte Eva die Angst vor einer neuen Beziehung loswerden.

2. Schritt: Die Problemaussage

Wenn Sie das Problem loslassen wollen, formulieren Sie einen Satz, der das Problem benennt, etwa: »Ich habe Angst, wieder betrogen zu werden.« Der Satz soll den Ist-Zustand erfassen, deshalb beschönigen Sie bitte nichts. Je genauer Sie das Problem ansprechen, desto größer ist Ihre Chance auf Erfolg und dass Ihre Angst verschwindet.

Wichtig ist, wir lehnen das negative Gefühl nicht mehr ab, sondern akzeptieren es. Es ist halt da, was soll's. Es geht ja auch wieder vorbei. Jeder Kampf dagegen, schafft nur noch mehr negative Verwicklungen im Energiesystem.

3. Schritt: Wie stark ist Ihr Gefühl?

Stufen Sie die Stärke der Empfindung vor dem Klopfdurchgang auf einer Skala von 0 (keine Empfindung) bis 10 (größtmöglichste Belastung) ein. Wie stark ist das Gefühl? Wenn Eva an eine neue Beziehung denkt und die Angst, betrogen zu werden, wie stark ist dieses Gefühl? Es geht nicht darum, den exakten Zahlenwert zu bestimmen, es geht vielmehr um eine Einschätzung des Ist-Zustandes vor dem Klopfdurchgang, mit dem Sie die Stärke des Stresses nach dem Klopfdurchgang vergleichen können. Es ist wichtig zu wissen, ob das negative Gefühl schwächer geworden oder vielleicht sogar ganz verschwunden ist.

4. Schritt: Die Einstimmung

Bei der Einstimmung klopfen Sie mit den zusammengelegten Zeige-, Mittel- und Ringfingern den Handkantenpunkt (HP) oder reiben mit der flachen Hand den Wunden Punkt (WP). Dabei sprechen Sie möglichst laut den Einstimmungssatz: »Ich akzeptiere mich voll und ganz, auch wenn ich *[Problem bzw. Gefühl]* habe.« Eva würde also laut sagen: »Ich liebe und akzeptiere mich, auch wenn ich Angst habe, wieder betrogen zu werden.« Wiederholen Sie diesen Satz drei Mal.

5. Schritt: Klopfen der Sequenz

Nach der Einstimmung klopfen Sie mit den zusammengelegten Fingerkuppen Ihres Zeige- und Mittelfingers die Sequenz der Akupunkturpunkte in der Reihenfolge (1) bis (12), jeden Punkt etwa sieben Mal, und abschließend wie beschrieben den Handkantenpunkt (HP).

Sprechen Sie, während Sie klopfen, unentwegt den Erinnerungssatz: »Diese Angst, wieder betrogen zu werden«; oder: »Diese Angst vor Lastwagen«; »Diese Angst vor Spinnen«; »Diese schrecklichen Kopfschmerzen«.

Es spielt dabei keine Rolle, mit welcher Hand Sie auf welche Körperseite klopfen.

6. Schritt: Eine weitere Klopf-Sequenz

Wiederholen Sie die Sequenz, also klopfen Sie alle dreizehn Punkte noch einmal, während Sie Ihren Erinnerungssatz sprechen.

7. Nachfühlen: Hat das Klopfen gewirkt?

Fühlen Sie in sich hinein, ob und wie sich Ihr Gefühl verändert hat. Schätzen Sie seine jetzige Stärke ein. Bespiel: Die Intensität von Evas Angst bei der Vorstellung, wieder betrogen zu werden, hatte anfangs die Intensität 10 und ist nun auf 4 gesunken. Sie fühlt sich schon etwas erleichtert, aber da ist noch ein Rest von Angst. Deshalb klopft sie weitere Sequenzen, wobei sich der Erinnerungssatz ändert in: »Meine *restliche* Angst, wieder betrogen zu werden.«

Das Klopfen der 13-Punkte-Sequenzen und das Einstufen auf der Skala von 0 bis 10 wird so oft wiederholt, bis Sie sich von dem Problem frei fühlen (Wert 0).

Der Ablauf auf einen Blick

1. Entscheiden Sie, welches Problem Sie klopfen wollen.
2. Formulieren Sie die Problemaussage: »Ich habe *[Problem bzw. Gefühl]*.«
3. Stufen Sie die Stärke der Missempfindung auf einer Skala von 0 bis 10 ein.
4. Klopfen Sie den Handkantenpunkt (HP) oder reiben den Wunden Punkt (WP) und sprechen den Einstimmungssatz möglichst laut: »Auch wenn ich *[Problem bzw. Gefühl]* habe, akzeptiere ich mich voll und ganz.«
5. Klopfen Sie die dreizehn Punkte in der vorgegebenen Reihenfolge und sprechen an jedem Punkt den Erinnerungssatz: »Mein *[Problem]*«; beziehungsweise »Dieses *[Gefühl]*.« Enden Sie mit dem Handkantenpunkt.
6. Wiederholen Sie Punkt 5.
7. Hat sich die Intensität verändert?

Behandeln Sie alle Probleme auf die gleiche Weise mit diesem Ablauf.

Die Neun-Gamut-Sequenz

Mit den Neun-Gamuts aktivieren Sie verschiedene Bereiche des Gehirns, stimulieren durch die wechselnden Anforderungen die rechte und linke Hemisphäre und verbessern so deren Koordination.

Falls die Klopfsequenz mehrfach durchlaufen werden muss, weil sich der Stress-Pegel nur sehr langsam senkt, ist es hilfreich, zwischen den einzelnen Klopfsequenzen die Neun-Gamut-Sequenz einzuschieben.

Der Gamut-Punkt (GP) liegt auf dem Handrücken. Machen Sie mit einer Hand eine Faust. Legen Sie Zeige-, Mittel- und Ringfinger der anderen Hand zusammen und legen sie so auf den Handrücken der geballten Hand, dass der Ringfinger zwischen dem Knöchel des kleinen und des Ringfingers der Faust liegt und der Zei-

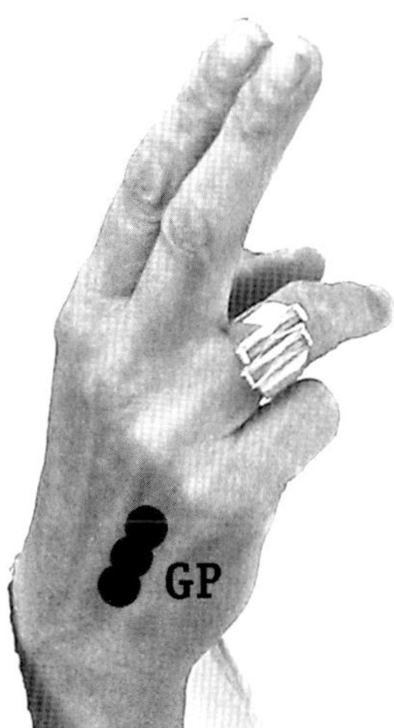

ge- und Mittelfinger in der Furche. Schieben Sie nun die zusammengelegten Finger noch etwa einen Finger breit in der Furche von den Knöcheln fort. Jetzt liegen die zusammengelegten Finger auf dem Gamut-Punkt der gefausteten Hand. Während Sie die neun Übungen der Gamut-Sequenz machen, klopfen Sie stetig den Gamut-Punkt. Bei den Augenbewegungen achten Sie bitte darauf, den Kopf nicht zu bewegen.

1 schließen Sie die Augen
2 öffnen Sie die Augen
3 schauen Sie scharf nach rechts unten
4 schauen Sie scharf nach links unten
5 rollen Sie Ihre Augen im Kreis nach rechts
6 rollen Sie Ihre Augen im Kreis nach links
7 summen Sie kurz irgendeine Melodie
8 zählen Sie laut rückwärts von 5 bis 0
9 summen Sie noch einmal eine Melodie

Danach machen Sie wieder die Klopfsequenz und sprechen den Erinnerungssatz. Gary Craig empfiehlt, nach der Einstimmung immer abwechselnd die Klopfsequenz und die Neun-Gamut-Sequenz zu machen, bis der Stress-Wert auf Null ist.

Beispiel aus meiner Praxis: Spinnenphobie verschwindet

Johanna arbeitet als Erzieherin in einem Kindergarten, der in einem alten Gebäude untergebracht ist. Dort krabbeln oft Spinnen herum, vor denen Johanna Angst hat. Jedes Mal wenn Sie eine Spinne sieht, schreit sie auf und rennt aus dem Raum. Johanna möchte ihre Ängste nicht mehr auf die Kinder übertragen und kommt deshalb in meine Praxis.

In der Beratung bitte ich sie, sich an ihr letztes Spinnenerlebnis zu erinnern und die Stärke des Stresses einzuschätzen. Sie sagt acht. Dann klopfen wir zwei Sequenzen.

Einstimmung: »Auch wenn ich diese Angst vor Spinnen habe, akzeptiere ich mich voll und ganz.«

Erinnerung an allen Punkten: »Diese Angst vor Spinnen«; »Diese Angst vor Spinnen« usw.

Nach zwei Sequenzen überprüft Johanna die Stärke der Empfindung. Sie ist von acht auf zwei gefallen. Ich bemerke auch, dass sie sich trotz der Erinnerung schon viel wohler fühlt, aber da ist noch ein Rest der Angst da. Ich bitte sie noch einmal, an die Spinne zu denken, und wir klopfen erneut.

Einstimmung: »Auch wenn ich diese restliche Angst vor Spinnen habe, akzeptiere ich mich voll und ganz.«

Erinnerung: »Diese restliche Angst vor Spinnen.«

Nach zwei weiteren Durchgängen entspannt sich Johannas Gesicht noch mehr. Auf meine Nachfrage erklärt sie freudig, dass sie die Erinnerung an die Spinne kalt lässt. Sie habe keinen Stress mehr.

Dann konfrontiere ich sie mit einem Foto, das eine riesige Vogelspinne zeigt. Johanna fühlt sofort eine leichte Panik in sich hochsteigen. Also klopfen wir noch eine weitere Sequenz mit der restlichen Angst, und dabei zeigt sich noch ein anderer Aspekt. Johanna erinnert sich an ein Ereignis aus ihrer Kindheit. Ihre Schwester hatte sie in den Keller eingesperrt und mit einer großen Gummispinne erschreckt. Also klopfen wir weitere Sequenzen.

Einstimmung: »Auch wenn ich damals aus Angst vor der Spinne fast gestorben wäre, akzeptiere ich mich voll und ganz.«

Erinnerung: »Meine Angst vor Spinnen.«

Nach drei Durchgängen konnte Johanna die Spinne auf dem Bild ohne irgendwelche Ängste anschauen. Vier Wochen später erzählt sie mir am Telefon, dass sie bei einer weiteren Begegnung mit einer Spinne im Kindergarten ganz ruhig bleiben konnte. Ein unangenehmes Gefühl sei zwar noch vorhanden, das sei aber unproblematisch.

Aspekte beachten

Wenn sich das Gefühl während des Klopfens verändert, wenn etwa aus Angst Ärger geworden ist oder wenn eine Erinnerung hochkommt, die mit der Angst zu tun hat, kann es sein, dass die Stärke des (neuen) Gefühls ansteigt. Das bedeutet, dass Ihr Problem, wie fast alle Probleme, mehrere Aspekte hat, die beklopft werden müssen. Nehmen Sie dies als ein gutes Zeichen. Es weist darauf hin, dass EFT gewirkt und das Klopfen einen Lösungsprozess in Gang gesetzt hat, der in die Tiefe geht. Klopfen Sie weiter. Vertrauen Sie darauf, dass die Stärke des neuen Gefühls genauso schnell wieder abnimmt, wie sie angestiegen ist. Ändern Sie bei den nächsten Durchgängen den Einstimmungssatz, indem Sie das neue Gefühl ansprechen.

Bei Eva etwa könnte der Aspekt auftauchen: »Ich fühle mich verlassen«, begleitet von einer starken Traurigkeit. Dann klopft sie mehrere Durchgänge mit dem Einstimmungssatz: »Auch wenn ich traurig bin, weil ich mich verlassen fühle, akzeptiere ich mich voll und ganz« und dem Erinnerungssatz: »Meine Traurigkeit, mich verlassen zu fühlen«, bis auch dieses Gefühl auf Null ist.

Auch körperliche Reaktionen sind Aspekte. Eva kann etwa während des Klopfens ein unangenehmes Gefühl im Magen bekommen. Fast alle emotionalen Gefühle haben irgendwo im Körper eine Resonanz. Klopfen Sie dann diese Reaktionen. Eva würde also sagen: »Auch wenn ich dieses blöde Gefühl im Magen habe, akzeptiere ich voll und ganz.« Klopfen Sie so lange, bis das Gefühl verschwunden ist.

Fast jedes Problem hat verschiedene Aspekte und jeder Aspekt sollte mit EFT angegangen werden, um sich möglichst vollständig von dem Problem zu befreien. Je komplexer das Problem, desto mehr Aspekte werden vorhanden sein und entsprechend viele Klopfdurchgänge sind notwendig.

Bei manchen, einfachen Problemen, hinter denen nicht viele unterbewusste Konflikte (sog. Treiber) aus der Vergangenheit beteiligt sind, kann es sein, dass Sie nur zwei, drei Runden brauchen, um Erleichterung zu spüren. In den anderen Fällen heißt es Geduld zu haben. Geben Sie EFT mehrere Chancen. Bei manchen Themen dauert eine ›Entstörung‹ einfach länger. Möglicherweise müssen Sie dem Problem für eine gewisse Zeit täglich eine paar Klopfminuten widmen. Es ist ja nicht wichtig, wie schnell, sondern dass am Ende Ihr Problem verschwunden ist.

Haben Sie Geduld

Wenn Ihr Problem wiederkommen sollte, bedeutet das nicht, dass EFT nicht funktioniert hat. Wenn es Ihnen gelungen ist, ein negatives Gefühl abzuschwächen oder sogar ›wegzuklopfen‹, so ist dies der Beweis, dass EFT wirkt. Wenn das Problem wiederkommt, gibt es tiefere Ursachen dafür, die noch bearbeitet werden müssen. Wiederholen Sie deshalb die Prozedur, bis all die vielfältigen Aspekte, die nach und nach aus dem Unterbewusstsein hochkommen können, bearbeitet sind und das Problem in seiner ganzen Tiefe gelöst ist.

Einer der Vorteile von EFT gegenüber anderen Methoden ist, dass Sie die Ursachen, die Ihrem Problem Nahrung geben, nicht unbedingt kennen müssen. Das Unterbewusstsein weiß genau, an welche Anteile der negativen Emotionen die Klopfimpulse gerichtet sind, so dass die Probleme (Störungen im Energiesystem) nach und nach aufgelöst werden und Ihre negativen Gefühle verschwinden.

Wenn Sie also wiederholt klopfen müssen, um ein negatives Gefühl aufzulösen, wird es doch mit der Zeit ganz verschwinden. Selbst wenn es mehrere Tage oder in schweren Fällen auch Wochen dauern sollte, bleiben Sie dran und lassen sich nicht entmutigen.

Wie Sie belastende Erinnerungen auflösen

Die Erzähltechnik

Dieses Verfahren eignet sich besonders, wenn Sie ein Ereignis bearbeiten wollen, das Sie schockiert hat und das Sie noch heute belastet.

Fassen Sie das Ereignis in einem Stichwort zusammen. Wie stark ist das Gefühl, wenn Sie an das Ereignis denken? Stufen Sie es auf der Skala von 0 bis 10 ein. Die Eingangsaussage ist: »Auch wenn ich diese Erinnerung *[Stichwort]* in mir trage / diese Erfahrung *[Stichwort]* gemacht habe, akzeptiere ich mich voll und ganz.« Klopfen Sie diese Einstimmung drei Mal bzw. bis Sie auf 2 bis 0 sind.

Dann erzählen Sie sich laut die ganze Geschichte in chronologischer Folge. Beginnen Sie mit der Vorgeschichte, an einer Stelle, an der Sie noch keine negativen Emotionen gespürt haben. Beobachten Sie sich dabei selbst sehr sorgfältig. Sobald bei einer Aussage Gefühle hochkommen, klopfen Sie diese Aussage, bis Sie den Eindruck haben, dass dieser Aspekt aufgelöst ist. Erzählen Sie dann

Ihre Geschichte laut weiter. Bei jedem unangenehmen Gefühl, das aufkommt, halten Sie an. Behandeln Sie es mit EFT und erzählen dann weiter, bis Sie schließlich am Ende angekommen sind.

Erzählen Sie dann die ganze Geschichte noch einmal und achten darauf, ob an irgendwelchen Stellen noch negative Gefühle aufwallen, die Sie dann klopfen.

Erzählen Sie sich die Geschichte so oft, bis Sie von Anfang bis Ende ohne Probleme vollkommen ruhig bleiben. Sie sollten dann den Stresswert Null empfinden, wenn Sie an das Ereignis denken.

Die Filmtechnik

Auch mit der Filmtechnik können Sie auf sanfte Weise traumatische Ereignisse aus Ihrer Vergangenheit, die Sie noch immer belasten, auflösen. Überlegen Sie sich zunächst, wie lang ein Film darüber dauern würde. Er soll recht kurz sein, also möglichst nur ein spezielles Ereignis enthalten.

Denken Sie sich nun einen Titel für Ihren Kurzfilm aus. Er sollte kurz und aussagekräftig sein, zum Beispiel: »Vater schlug mich.«

Dann sehen Sie sich den Film im Schnelldurchlauf an und stufen Ihre emotionale Belastung auf der Skala von 0 bis 10 ein.

Klopfen Sie einige Runden mit dem Titel Ihres Films. Der Einstimmungssatz lautet: »Ich liebe und akzeptiere mich, so wie ich bin, auch wenn ich dieses Ereignis *[Filmtitel]* in mir trage.« Der Erinnerungssatz ist der Filmtitel.

Nach diesem ersten Durchgang wir der Stresswert schon gesunken sein. Erzählen Sie nun den Film Szene für Szene. Beginnen Sie kurz bevor das belastende Ereignis eintrat. Und sobald Sie beim Erzählen auch nur die kleinste negative Empfindung verspüren, halten Sie den Film an und klopfen bis diese Emotion auf Null ist.

Lassen Sie dann den Film wieder von Anfang an ablaufen und fühlen, ob Sie an den Stellen neutral bleiben, an denen vorher die Gefühle aufwallten. Gehen Sie so den ganzen Film Schritt für Schritt durch. Wenn Sie zu einer Szene kommen, die Emotionen auslöst, klopfen Sie, bis Sie auf Null sind. Wenn Sie den Film weiterlaufen lassen, fangen Sie kurz vor der gerade behandelten Stelle an und fühlen nach, ob Sie neutral bleiben. Wiederholen

Sie das Verfahren, bis Sie in der Lage sind, den ganzen Film ohne belastende Gefühle zu erzählen.

Beispiel aus meiner Praxis: Panik vor Urlaubsreisen

Christa war vor fünf Jahren im Urlaub in Tunesien. Wenn sie daran denkt, bekommt sie panische Gefühle.

Nach einem Muschelessen in einem romantischen Strandrestaurant brach ihr Mann mit einer lebensgefährlichen Vergiftung zusammen. Er konnte sich nur mühsam und mit Christas Hilfe ins Hotel schleppen und auf den Notarzt warten.

Für Christa war diese Situation sehr bedrohlich. Hilflos in einem fremden Land war sie mit der Angst konfrontiert, Ihren Mann zu verlieren. Ihr Mann überstand die Muschelvergiftung, aber die Panik beim Gedanken an diesen Urlaub blieb. Als Christa trotzdem wieder einmal verreiste, musste sie den Urlaub nach drei Tagen wegen Panikattacken abbrechen. Seitdem ist sie nicht mehr verreist.

Ich schlage die Filmtechnik vor. Christa gibt ihrem Film den Titel: »Muschelvergiftung am Strand« und stuft den akuten Stress auf 8 ein.

Wir klopfen zunächst den Titel mit der Einstimmung: »Auch wenn ich das Erlebnis ›Muschelvergiftung am Strand‹ in mir trage, akzeptiere ich mich voll und ganz« und der Erinnerung: »Die Muschelvergiftung am Strand.«

Nach drei Durchgängen schätzt Christa ihren Stress beim Gedanken an den Titel auf 2 ein. Sie ist nun bereit, die Bilder laufen zu lassen.

Sie beginnt kurz vor dem Zusammenbruch ihres Mannes. Sie haben das Restaurant verlassen und gehen am Strand entlang. Plötzlich bricht ihr Mann vor Schmerzen stöhnend zusammen. An dieser Stelle reagiert Sie panisch. Ihr Stress hat die Stärke 5. Wir bleiben zwei EFT-Durchgänge lang an diesem Punkt mit der Aussage: »Auch wenn mich der Zusammenbruch panisch reagieren lässt, akzeptiere ich mich voll und ganz« und der Erinnerung: »Diese Panik.«

Danach fängt Christa noch einmal von vorne an und es gelingt ihr, den ganzen Film bis zur Gesundung ohne ängstliche Gefühle zu erzählen.

Als wir fertig sind bemerkt Christa verwundert: »Das ist ja komisch, ich konnte die Geschichte noch nie so locker erzählen, wie eben, ohne Schwierigkeiten.«

Auch als sie den Film noch einmal erzählt, tauchen keine Panikgefühle mehr auf. Ein Aspekt von Christas Angst vor Reisen war damit erledigt.

Mit EFT das Gesetz der Anziehung erfolgreich verwirklichen

Das Gesetz der Anziehung arbeitet immer und überall, 24 Stunden am Tag. Das, was wir denken, wird Realität. Wir ziehen das an, was wir ausstrahlen. Alles kommt wie ein langsam fliegender Bumerang zu uns zurück und verstärkt unsere Stimmung. Wenn Sie Angst haben, ziehen Sie mehr Angst an, wenn Sie sich freuen, ziehen Sie Freude an. Es geht dabei nicht nur um kurzzeitige Gefühle, sondern hauptsächlich um unterschwellig mehr oder weniger dauernd vorhandene Empfindungen, die unsere Gedanken und unser Handeln bestimmen.

Sie bestimmen also, was sich in Ihrem Leben verwirklicht. Sie sind verantwortlich für das, was Sie erleben, für die Situation, in der Sie sich befinden. Das, was Ihnen geschieht, haben Sie zuvor als Wunsch an das Universum ausgesendet. Das Universum schwingt auf Ihrer Frequenz zurück und es passiert, was Sie wollten. Sie empfangen genau den Ausschnitt, den Sie angefordert, auf den Sie Ihre Aufmerksam gerichtet haben.

Ein einfaches Beispiel, wie wir aus den unzähligen Realitätsangeboten unserer Umwelt das heraussuchen, was wir denken, beziehungsweise was für uns wichtig ist. Sagen wir, Sie kaufen sich ein gebrauchtes Auto, einen zehn Jahre alten, sehr gut erhaltenen blaugrünen Mercedes. Sie sind stolz darauf, weil Sie denken, dass kaum jemand solch ein seltenes Auto fährt. Aber seitdem Sie täglich mit ihrem Schmuckstück unterwegs sind, bemerken Sie viele Mercedesse vom gleichen Baujahr und mit gleicher Farbe. Es scheint, fast jeder hat so ein Wagen. So ändert sich Wahrnehmung durch Erfahrungen.

Halten wir fest, das, was Sie sind und erleben, haben Sie unbewusst oder bewusst auch so gewollt. Vielleicht werden Sie jetzt einwenden, aber ich habe mir doch nicht meine Allergie gegen Hausmilben gewünscht, oder die Erkältung, die ich immer im Winter habe. Dass ich kaum Geld zum

Leben habe, kann doch nicht aus meiner Wunschkiste stammen. Aber natürlich haben Sie daran mitgewirkt. Wenn Sie etwa unter Allergien leiden, dann gab es Erlebnisse, belastende Gedanken, Ängste usw., die im Laufe Ihres Lebens zu einer Allergie geführt haben. Im Fall von Erkältungen, könnte sich allein der Glaubensatz: »Ich bekomme im Winter immer eine Erkältung«, eben immer im Winter erfüllen, und der Glaubenssatz: »Ich bekomme nie eine Erkältung«, könnte Sie davor schützen.

Ihre momentane Lebenssituation ist das Resultat aus den Erlebnissen Ihres bisherigen Lebens. Diese Tatsache gilt es erst einmal zu akzeptieren und mit ihr alle negativen Gefühle und Gedanken und natürlich auch die positiven. Sie erleben es so, weil es für Sie so ist. Das hört sich erst einmal banal an oder scheint vielleicht auch dem zu widersprechen, dass Sie für Ihre Situation verantwortlich sind. Aber es geht dabei nicht um Schuld oder nicht Schuld. Es geht nur darum, die Tatsachen anzuerkennen. Oft besteht ein großes Hindernis, im Leben weiterzukommen, darin, wie wir uns selbst beurteilen – oder verurteilen.

Das Gesetz der Anziehung nutzen: Sie haben die Wahl

Aber das Gesetz der Anziehung bedeutet, und das ist die wichtige Nachricht, dass Sie Ihre Schwingungen so einstellen können, wie Sie es wollen. Sie haben es in der Hand, ob Sie so weiter leben wollen wie bisher, oder sich aufmachen zu mehr Glück, Wohlstand und Zufriedenheit. Fangen Sie an, Ihr Leben selbst zu bestimmen. Sie müssen kein Opfer des Universums sein, Sie sind vielmehr in der Lage, Ihre Realität selbst zu gestalten. Sie haben die Wahl, auch wenn Sie das momentan noch nicht so ganz glauben.

Wie ändern Sie nun Ihre Realität nach Ihren Wünschen? Die Antwort: Indem Sie erfolgreich mit dem Gesetz der Anziehung zusammenarbeiten und lernen, es zu Ihrem Vorteil zu nutzen. Aber, und das ist für viele Menschen der schwer umzusetzende Teil, Sie müssen bereit sein, sich dafür zu ändern, Neues auszuprobieren und alte Gewohnheiten und Gedanken abzulegen. Sie müssen bereit sein, die Probleme loszuwerden.

Seien Sie zuversichtlich. Sich zu ändern ist ein spannendes Abenteuer, bedarf aber auch etwas Mut. Fragen Sie sich zuerst, ob Sie bereit sind, Ihr Leben positiver zu gestalten. Das ist doch keine Frage, denken Sie vielleicht, das will doch jeder. Aber nach meiner Erfahrung ist dies gar nicht so logisch. Denn viele Menschen wollen zwar irgendwie heraus aus ihrer Situation, sehen aber keinen Weg, den sie gehen können. Sie hängen in ihren negativen Glaubenssätzen und Erfahrungen fest und kritisieren sich selbst oft mehr als alles andere. Aus Angst vor dem, was vielleicht auf sie zukommen könnte, halten sie an unlieben Situationen fest. Sie erwarten eigentlich nur Negatives.

Egal wie alt Sie sind, seien Sie grundsätzlich offen für Neues in Ihrem Leben. Unbekannte Erfahrungen kennen lernen, ist das Salz in der Lebenssuppe. Falls Sie dazu noch nicht bereit sein sollten, kann Ihnen EFT helfen, Ihre Blockaden abzubauen. Nehmen Sie ein Stück Papier oder besser ein Heft oder einen Spiralblock, um alle Ihre Aussagesätze und die Erfolge mit EFT zu dokumentieren. Schreiben Sie ein EFT-Tagebuch. Dann können Sie später nachlesen, welche Probleme Sie im Laufe der Zeit mit Klopfen gelöst haben.

Nun überlegen Sie sich in Ruhe, was Sie davon abhält, sich zu ändern. Schreiben Sie die Punkte in Ihr Heft und klopfen Sie jeden einzelnen. Unten habe ich verschiedene Erinnerungssätze aufgeführt. Um verschiedene Aspekte des Problems zu berücksichtigen, können Sie an jedem Klopfpunkt oder an jedem zweiten einen anderen Aspekt des Problems ansprechen.

Einstimmungssatz: »Auch wenn ich Bedenken habe, mich zu ändern, akzeptiere ich mich voll und ganz.«

Erinnerungssätze: »Meine Bedenken gegen Änderungen«; »Meine Angst vor Neuem«; »Meine Angst vor Ungewissheit«; »Meine Angst vor *[...]*«; »Das bringt ja doch nichts«; »Ich schaff das doch nicht«; »Ich halte das nicht durch«; »Der Aufwand ist viel zu groß«; »Was wird meine Familie / werden meine Freunde sagen, wenn ich plötzlich anders bin«; »Meine Bedenken gegen Änderungen.«

Während des Ablaufs tauchen wahrscheinlich weitere Aspekte auf. Klopfen Sie auch diese. Wiederholen Sie das Thema solange, bis sich ein grundsätzliches Gefühl der Bereitschaft für Änderungen einstellt.

Seelischer Hausputz

Der persönliche Friedensprozess

Bevor Sie spezielle Wünsche oder größere Ziele ansteuern, ist es sinnvoll, den Anteil Ihrer gesamten positiven Empfindungen und so Ihre Ausstrahlung zu erhöhen. Bearbeiten Sie deshalb die in Ihrem Leben angesammelten negativen Erlebnisse, die heute noch Störungen und Konflikte in Ihrem Energiesystem auslösen. Viele treiben im Unterbewusstsein ihr Unwesen und manche Ereignisse lösen vermutlich noch heute ängstliche Gefühle, Ärger oder sogar Wut aus. Diese negativen Erlebnisse bestimmen einen Teil unsere Gedanken und beeinflussen so unsere Grundstimmung. In Form von Glaubenssätzen beherrschen sie unser Leben.

Es gilt, diese emotionalen Bremsen abzubauen. Dazu eignet sich der »persönliche Friedensprozess« von Gary Craig gut. Wenn Sie dieses Verfahren gründlich durchführen, werden Sie sich nach einiger Zeit wohler fühlen und positiver denken und handeln können.

Nehmen Sie sich genug Zeit. Schreiben Sie alle negativen Erlebnisse aus Ihrem Leben, an die Sie sich erinnern, stichwortartig in Ihr EFT-Tagebuch. Auch wenn ein Erlebnis heute keine Emotionen mehr auslöst, notieren Sie es dennoch. Dass Sie sich daran erinnern, weist drauf hin, dass es doch noch etwas aufzulösen gibt.

Beispiele: »Mutter hat geschimpft, weil ich einen teueren Teller fallen lies«; »Vater schlug mich im Wohnzimmer, habe beim Vorsingen versagt«; »Meine Mutter reagierte enttäuscht, als ich anfing zu rauchen.« Und so weiter.

Geben Sie jedem Erlebnis einen kurzen Titel und bestimmen Sie für jedes Ereignis den Stressfaktor. Klopfen Sie dann in den nächsten Tagen und Wochen nach und nach jeden einzelnen Punkt von Ihrer Liste mit der Filmtechnik oder der Methode Erzählen-Sie-Ihre-Geschichte. Beginnen Sie mit den Ereignissen mit der stärksten Intensität.

Während Ihrer Klopfsitzungen werden Sie vielleicht an weitere belastende Erlebnisse erinnert.

Behandeln Sie diese gleich mit oder notieren sich Stichworte zur Bearbeitung an einem andern Tag.

Wenn starke Gefühle, wie Ängste, Wut, Trauer usw. hochkommen, klopfen Sie solange, bis sich diese Gefühle aufgelöst haben. Vertrauen Sie darauf, dass die Intensität nachlässt. Haben Sie Geduld und Ausdauer. Der Prozess kann schon ein paar Wochen dauern, je nach dem wie viele negative Erlebnisse Ihnen einfallen. Aber die Belohnung wird sich irgendwann einstellen. Sie werden ein positiveres Grundgefühl bekommen und sind damit in einer besseren Position für die Erfüllung Ihrer Wünsche.

Wenn Sie mal den Eindruck oder das Gefühl haben, nicht wirklich weiter zu kommen, oder wenn Sie merken, dass hinter manchen Ereignissen sehr starke Gefühle auftauchen, an die Sie nicht so richtig heran kommen können oder wollen, dann holen Sie sich Hilfe bei einem EFT-Spezialisten.

Ich bin nicht gut genug.
Das Leben ist schwer.
Alles muss perfekt sein.
Ich fühle mich hilflos.
Mir gelingt nie etwas.
Ich darf keinen Erfolg haben.
Ich habe kein Selbstvertrauen.
Das steht mir nicht zu.
Ich schaffe es nicht.
Ich bin nichts wert.
Ich bin nicht wichtig.
Auf mich hört ja doch keiner.
Ich bin ein Pechvogel.
Ich bekomme nie, was ich will.
Ich bin schuldig.
Ich mache alles falsch.
Ich genüge nicht.
Ich bin ein schlechter Mensch.
Ich entscheide mich immer falsch.
Ich habe nichts zu sagen.
Ich werde nicht beachtet.
Nichts entspricht meinen Erwartungen.
Das kann ich nicht.
Das habe ich nicht verdient.
Keiner liebt mich.

Glaubenssätze bestimmen unser Leben

Bevor Sie Ihre konkreten Wünsche an das Universum formulieren, sollten Sie noch herausfinden, ob nicht irgendwelche Glaubenssätze den Erfolg verhindern. Wenn etwa eine Ihrer inneren Wahrheiten lautet: »Ich darf keinen Erfolg haben«, wird Ihr Bemühen, beispielsweise im Beruf voran zu kommen, erfolglos bleiben. Solche übergeordneten Glaubenssätze sollten Sie auflösen, damit diese Ihre Ziele nicht grundsätzlich blockieren.

Sehen Sie sich die nebenstehende Liste weit verbreiteter Glaubessätze in Ruhe an und spüren nach, ob Sie mit bestimmten Aussagen in Resonanz gehen. Wenn das der Fall ist, klopfen Sie diese Sätze über längere Zeit täglich für jeweils mindestens drei Durchgänge. Meist sind diese Glaubensätze tief verankert, so dass deren Auflösung einige Zeit in Anspruch nehmen wird. Bleiben Sie dran. Es wird sich etwas verändern.

Wenn Sie beispielsweise den Glaubenssatz bearbeiten: »Ich darf keinen Erfolg haben«, lautet der Einstimmungssatz: »Auch wenn ich keinen Erfolg haben darf, akzeptiere ich mich voll und ganz.«

Erinnerungssätze: »Erfolg steht mir nicht zu«; »Ich darf keinen Erfolg haben«; »Ich darf Erfolg haben«; »Ich darf keinen Erfolg haben«; »Ich mache alles falsch«; »Ich verdiene es nicht, Glück zu haben«; »Ich verdiene es nicht, erfolgreich zu sein«; »Ich fühle mich hilflos«; »Ich bin ein schlechter Mensch.« Und zum Abschluss: »Ich entscheide mich dafür, dass ich Erfolg habe.«

Die verschiedenen Erinnerungssätze in diesem Beispiel behandeln Aspekte des Themas »Erfolg haben«. Sie bearbeiten damit das Problem intensiver. Auf den ersten Blick erscheint es vielleicht seltsam, beides zu benennen: Ich darf und ich darf nicht Erfolg haben. Aber beide Aussagen lösen Stress aus, der beim Klopfen bereinigt wird. Wenn Ihnen noch weitere Aspekte zu dem Problem einfallen, dann bauen Sie diese in den mittleren Teil des Ablaufs ein. Die letzte Aussage sollte immer positiv und als Entscheidung formuliert sein. Warum, erfahren Sie weiter unten.

Machen Sie sich das Klopfen zur Gewohnheit. Seien Sie dennoch gefühlsmäßig konzentriert dabei. Klopfen Sie jeden Tag zu bestimmten Zeiten, etwa vor dem Schlafengehen oder nach dem Mittagessen, wann immer Sie etwa fünf Minuten Zeit für Ihre Zukunft erübrigen können. Verfahren Sie mit dem Klopfen wie mit einem Medikament.

Mit der Entscheidungstechnik zum Erfolg

Nach dem Klopfen Ihrer Glaubenssätze werden Sie sich insgesamt ruhiger und positiver fühlen. Ein weiterer wichtiger Schritt ist getan und Sie können langsam an die konkrete Zielformulierung gehen. Aber zuerst stelle ich Ihnen noch eine EFT-Technik vor, die Ihnen bei der Erreichung Ihrer Ziele sehr hilfreich sein wird, es ist die Entscheidungsmethode *(Choices)*, entwickelt von der Psychologin Patricia Carrington. Zusätzlich zu der Bearbeitung der Problemaussage nutzen Sie diese EFT-Prozedur für eine Affirmation und verankern dadurch ein positives Überzeugungsmuster im Unterbewusstsein.

Bei der Beispielsequenz: »Ich habe keinen Erfolg«, lautet der Abschlusssatz: »Ich entscheide mich dafür, dass ich Erfolg habe.« Damit verstärken Sie die Wirkung der Sequenz und legen die Grundlagen für Ihre Zukunft.

Ablauf der Entscheidungstechnik

1. Sie suchen sich eine negative Wahrnehmung heraus, die Sie verändern wollen. Dann überlegen Sie sich, welche positive Aussage Sie der ungünstigen Wahrnehmung entgegen setzen wollen. Der Wunsch sollte echt sein, also vom Herzen kommen.
2. Benennen Sie das negative Gefühl, den Gedanken oder die Verhaltensweise und bestimmen Sie die Stärke des Gefühls. Beispiel: »Ich habe Angst vor Lastwagen auf der Autobahn.«
3. Formulieren Sie eine Aussage, die das Gegenteil beinhaltet, also das, was sie erreichen wollen. Beispiel: »Ich entscheide mich dafür, dass ich mich wohl fühle, wenn ich an Lastwagen vorbeifahre«.
4. Die beiden Aussagen werden nun verbunden zu einer EFT-Einstimmung, Beispiel: »Auch wenn ich Angst vor Lastwagen auf der Autobahn habe, entscheide ich mich dafür, dass ich mich wohl fühle, wenn ich an Lastwagen vorbeifahre«.

Regeln für positive Aussagen

- Seien Sie so genau wie möglich. Zum Beispiel nicht: »Ich entscheide mich dafür, dass es mir besser geht«, sondern: »Ich entscheide mich dafür, dass ich mich wohl fühle.« Also keine wagen, sondern exakte Formulierungen.
- Wählen Sie Wünsche, die Sie weiterbringen, einem Ziel näher bringen, das Sie erreichen wollen.
- Suchen Sie nach der besten Formulierung. Sprechen Sie aus, was Sie sich wirklich wünschen. Es sollte für Sie wahr sein. Wählen Sie nicht Ziele, die Sie meinen, haben zu müssen, weil andere das vielleicht so wollen.
- Formulieren Sie nur positiv und das Positive.
- Benutzen Sie keine negativen Worte wie nicht, nie, falsch usw. Falsch: »Ich entscheide mich dafür, keine Angst vor Lastwagen zu haben.« (negative Formulierung) Richtig: »Ich entscheide mich dafür, dass ich mich wohl fühle, wenn ich auf der Autobahn an Lastwagen vorbei fahre.« (positive Formulierung)

Klopfdurchgänge der Entscheidungstechnik

1. Eine Runde mit dem negativen Erinnerungssatz, zum Beispiel: »Ich habe Angst vor Lastwagen auf der Autobahn.«
2. Eine Runde mit dem positiven Satz: »Ich entscheide mich fürs Wohlfühlen, wenn ich an Lastwagen vorbei fahre.«
3. Eine Runde positiv und negativ abwechselnd, also erster Klopfpunkt: »Ich habe Angst vor Lastwagen auf der Autobahn«, zweiter Klopfpunkt: »Ich entscheide mich fürs Wohlfühlen.« usw. Die letzte Aussage, während Sie die Handkante klopfen, muss positiv sein.
4. Stärke des Gefühls bestimmen. Klopfen Sie so viele Durchgänge, bis Ihre Empfindung den Wert 0 hat.

Die Entscheidungstechnik ist sehr effektiv. Natürlich können Sie diese Methode bei allen Problemen anwenden. Mit EFT soll ja immer etwas Negatives in etwas Positives umgewandelt werden. Mit der Entscheidung bestimmen Sie das Ziel, das, was Sie sich wünschen.

EFT und Wunschprogrammierung

Wie Sie Ihre Ziele finden

Nun haben Sie das Handwerkszeug für Ihre positive Kommunikation mit dem Universum. Grundsätzlich können Sie sich alles wünschen, alle denkbaren Ziele ansteuern. Viel Geld, eine Villa, Glück, eine gute Figur, Gesundheit usw. Das Angebot des Universums ist umfassend. Und es ist genug für alle da. Aber Sie sollten sich Ihre Wünsche gut überlegen. Nicht alles, was auf den ersten Blick erstrebenswert erscheint, muss für Sie sinnvoll sein. Nur viel Geld zu wünschen, macht vielleicht doch nicht glücklich, wenn dann das Geld da ist, aber etwa die Liebe fehlt.

Wissen Sie, was Sie wirklich wollen? Selbst wenn Sie es wissen, aber besonders wenn es Ihnen nicht klar ist, schreiben Sie eine Liste in Ihr EFT-Tagebuch. Dann können Sie später nachlesen, ob Ihre Wünsche so eingetroffen sind, wie Sie es niedergeschrieben haben. Notieren Sie alle Anliegen, die Ihnen einfallen. Formulieren Sie bis ins Detail: Also wenn es etwa Ihr Ziel ist, eine größere Wohnung zu mieten, arbeiten Sie die Einzelheiten aus, wie die Wohnung beschaffen sein soll: fünf Zimmer, zwei Bäder, an einer ruhigen Straße, an einem Park gelegen usw. Und denken Sie daran, wenn Sie »Wohnung suchen« denken, lässt das Universum Sie suchen und suchen und suchen. Es sollte also heißen: »Ich habe eine Wohnung mit fünf Zimmern und stelle mir vor, wie ich mich darin umschaue oder in meinem Sessel im Wohnzimmer vor dem Fernseher sitze.«

Beschäftigen Sie sich ein paar Tage mit Ihren Zielen. Überlegen Sie Für und Wider und sortieren die Wünsche nach deren Wichtigkeit. Überdenken Sie auch, ob es wirklich Ihre eigenen Ziele sind und nicht Wünsche, die Sie gut finden, weil Ihre Freunde oder die Gesellschaft sie gut findet. Fragen Sie sich, was Sie wirklich brauchen und was Ihnen gut tun wird.

Falls Sie sich in wichtigen Punkten unsicher sind, können Sie sich mit ein paar Klopfdurchgängen die Entscheidung erleichtern.

Wenn Sie nicht wissen, Sie ob Sie wirklich Abteilungsleiter in Ihrem Unternehmen werden wollen, klopfen Sie: »Auch wenn ich Abteilungsleiter werden will, akzeptiere ich mich voll und ganz«; »Ich will Abteilungsleiter werden«; »Ich will nicht Abteilungsleiter werden«; »Ich will Abteilungsleiter werden«; »Ich will nicht Abteilungsleiter werden«; »Ich will Abteilungsleiter werden« und so weiter immer im Wechsel, wobei der Schlusssatz immer positiv sein soll.

Diese Ping-Pong-Technik lässt Sie nach einigen Durchgängen sicher werden, ob Sie dieses Ziel anstreben wollen. Oder es kommen vielleicht ganz andere Ziele hoch. Durch das Klopfen neutralisieren Sie eventuelle Stressfaktoren, die mit dem Thema zusammenhängen. Das hilft Ihnen, leichter eine Entscheidung zu fällen.

Sind Ihre Ziele erreichbar?

Diese Frage ist nicht leicht zu beantworten. Sie sollten Ihre Ziele ruhig hoch ansiedeln, auch wenn Sie meinen, das als ›normaler‹ Mensch nicht zuwege bringen zu können. Im Prinzip können Sie alles erreichen, wenn Sie bestehende Barrieren mit EFT abbauen.

Auf dem Weg eröffnen sich dann vielleicht sogar Ziele, auf die Sie vorher nie gekommen wären. Außerordentliche Ziele zu erreichen, braucht nur etwas mehr Zeit.

Ihre Wünsche sollten auf keinen Fall zu Lasten oder gar zum Schaden anderer sein. Sie wollen ja auch nicht, dass andere Ihnen Nachteile bereiten. Schließlich ist genug für alle da. Was Sie sich wünschen, sollten Sie deshalb auch allen anderen Menschen gleichermaßen wünschen.

Zieleinstellung

Sie haben sich also entschieden, die Ziele sind gefunden. Nun soll der Grundstein für Ihren späteren Erfolg gelegt werden. Dabei ist ganz wichtig, wenn sich wirklich etwas ändern soll, müssen Sie von Ihrem Ziel überzeugt sein, daran glauben und offen dafür einstehen.

Blockaden abbauen

Wählen Sie nun Ihr wichtigstes Ziel aus und stellen sich vor, es schon erreicht zu haben. Erleben Sie die zukünftige Situation in Ihrer Vorstellung, wie sie verwirklicht ist.

Sagen wir, Sie wollen den Posten des Abteilungsleiters. Dann stellen Sie sich vor, wie Sie an Ihrem Schreibtisch sitzen und ein Mitarbeiter vor Ihnen sitzt, mit dem Sie reden und entscheiden, dass eine neue Maschine gekauft wird. Denken Sie sich viele solche Szenen aus.

Beobachten Sie Ihre Gefühle dabei. Was sagt Ihre innere Stimme? Meldet sie sich mit: »Ja, gute Idee, aber ich bin doch eigentlich nicht sehr entschlussfreudig«, oder sagt sie etwa: »Ich habe doch immer Schwierigkeiten, mich durchzusetzen.« Das sind Glaubenssätze, die eine Verwirklichung des Ziels blockieren und deshalb mit EFT bearbeitet werden müssen, bevor der Wunsch an das Universum geschickt wird. So entdecken Sie alle Bedenken, die aus Ihrem Unterbewusstsein auftauchen, und können sie mit Klopfen auflösen. Nutzen Sie dabei die Entscheidungsmethode und suchen für den Abschluss eine Affirmation. Sie können jeden einzelnen Aspekt getrennt klopfen, was intensiver wirkt, oder mehrere Aussagen in einem Durchgang behandeln.

Möglicher Klopfdurchgang

Schätzen Sie zunächst die Stärke Ihrer Bedenken auf der Skala von 0 bis 10 ein.

Einstimmungssatz: »Auch wenn ich Bedenken / Angst etc. habe, für den Job nicht geeignet zu sein, akzeptiere ich mich voll und ganz.«

Erinnerung, verschiedene Aspekte: »Meine Bedenken / meine Angst den Job zu schaffen«; »Wie soll ich mich mit meinen Ideen durchsetzen?«; »Meine Bedenken / meine Angst, den Job zu schaffen«; »Zu entscheiden fällt mir schwer«; »meine Bedenken / meine Angst, den Job zu schaffen«; »Wie soll ich mich mit meinen Ideen durchsetzen?«; »Ich entscheide mich dafür, die Herausforderung anzunehmen.«

Überprüfen Sie nun noch einmal die Intensität des Gefühls, das der Ausgangssatz bei Ihnen auslöst. Klopfen Sie mindestens drei Durchgänge und wenn nötig mehr, bis Sie auf Null sind.

Auf diese Weise bearbeiten Sie mit EFT alle Bedenken, die während der Zieleinstellung auftauchen. Vielleicht braucht es nur einige Durchgänge in einer Sitzung. Wenn die Glaubenssätze hartnächkig bleiben, kann es aber auch mehrere Sitzungen benötigen.

Wenn Sie alle Bedenken auf diese Weise aufgelöst haben, stellen Sie sich sieben Tage lang jeden Tag ihr Ziel vor. Erleben Sie sich darin, indem Sie es in Ihrer Vorstellung ausleben. Freuen Sie sich, dass Sie es erreicht haben, und klopfen Sie dabei zur Unterstützung den Gamut-Punkt.

Und Sie können auch Sätze dazu formulieren. Im Beispiel Abteilungsleiter etwa: »Ich bin Abteilungsleiter«; »Ich freue, mich entscheiden zu können«; »Ich bin Abteilungsleiter«; »Zum bestmöglichen Zeitpunkt, so oder besser, zum Wohle aller. Vielen Dank dafür Universum.«

Falls während dieser täglichen ›Einspeisung‹ des Ziels Ja-Aber-Gedanken in Ihnen hochkommen, also Zweifel auftauchen, bearbeiten Sie diese Bedenken wie gehabt mit EFT.

Nachdem Sie sieben Tage lang zwei Mal täglich Ihre Zielvorstellung in das Universum ausgesandt haben, vergessen Sie Ihren Wunsch. Geben Sie ihn an das Universum ab. Versuchen Sie nicht zu grübeln, wie das Ziel jetzt erreicht werden soll. Machen Sie sich keine Gedanken über das Wie, das ergibt sich. Wenn Sie einen Baum pflanzen, machen Sie sich auch keine Gedanken darüber, wie er nun wohl wächst, denn Sie wissen, er tut es. Folgen Sie Ihrer Intuition und achten Sie auf die Signale in Ihrem Alltag. Vertrauen Sie dem Universum und lassen sich überraschen, denn es funktioniert.

Falls Sie zweifeln, hier noch ein Klopfvorschlag dafür. Einstimmung: »Auch wenn ich an der Umsetzung meines Wunsches zweifele, akzeptiere ich mich voll und ganz.«

Erinnerung: »Meine Zweifel an meinem Können«; »Meine Zweifel an meinem Ziel, Abteilungsleiter zu sein«; »Meine Zweifel an meinem Vertrauen in mein Ziel«; »Ich entscheide mich dafür, das Ziel als Geschenk anzunehmen«; »Meine Zweifel an meinem Ziel«; »Ich verdiene mein Ziel«; »Ich glaube an mein Ziel«; »Ich erreiche es.«

Überprüfung

Wenn in der Folgezeit noch Zweifel hochkommen wie: »Bis heute ist nichts passiert, das funktioniert ja doch nicht«, dann wiederholen Sie die Zieleinspeisung. Erneuern Sie Ihren Wunsch und klopfen Sie die Zweifel, wie oben vorgeschlagen. Wenn Sie das Gefühl haben, dass Sie nun an Ihr Ziel glauben, dann vergessen Sie es wieder. Der Weg dahin fügt sich von alleine.

Mit diesem Ablauf lässt sich jedes Ziel verwirklichen. Sie müssen nur konsequent alle Blockaden auflösen, die Sie daran hindern, wirklich daran zu glauben. Dann strahlen Sie diese Energie in das Universum aus, und Sie wissen ja, was Sie ausstrahlen, erhalten Sie auch zurück.

Dankbarkeit

Nörgeln Sie gerne herum? Hat der Nachbar schon wieder ein neues Auto. Die Müllers könnten auch mal wieder den Rasen mähen. Diese Straßenbahn fährt auch nur alle halbe Stunde. Alles ist zu teuer, das Auto zu klein, die Kollegen zu unfreundlich, das Wetter zu schlecht usw. Dann fragen Sie sich einmal, ob das wirklich Gründe sind, sich so aufzuregen. Dass Sie warten müssen, weil die Straßenbahn nur alle halbe Stunde fährt, daran können Sie nichts ändern. Was bringt es also, sich darüber zu ärgern. Sie senden dadurch nur negative Energie aus und genau das kommt zu Ihnen zurück. Nutzen Sie die Zeit an der Haltestelle lieber, um sich über Ihren letzten Erfolg zu freuen, dann bekommen Sie vom Universum Positives zurück. Lassen Sie die Dinge, wie sie sind, und richten Ihre Aufmerksamkeit auf die positiven Seiten Ihrer Umwelt.

Wenn Ihnen das Schwierigkeiten bereitet, bearbeiten Sie Ihren Ärger, wenn er auftritt, mit EFT. Beim Warten an der Haltestelle hieße die Einstimmung etwa: »Auch wenn es mich ärgert, dass ich warten muss, akzeptiere ich mich voll und ganz.«

Erinnerung: »Dieser Ärger.«

Abschluss: »Ich entscheide mich dafür, ruhig und gelassen zu sein.«

Wenn es um einen unfreundlichen Nachbarn geht, dann überlegen Sie doch mal, was es für positive Seiten an ihm gibt. Und wenn er das nächste Mal unfreundlich ist, denken Sie daran, was Ihnen an Ihm gefällt, und geben ihm eine möglichst freundliche Antwort. Er wird erstaunt sein und gleich etwas freundlicher mit Ihnen umgehen. So bekommen Sie positive Resonanz und brauchen sich nicht zu ärgern. Falls Sie doch wieder genervt reagieren, klopfen Sie eine Runde EFT.

Einstimmung: Stellen Sie sich die Szene mit Ihrem Nachbarn vor und richten Sie Ihre Aufmerksamkeit auf das Gefühl, das dabei entstand.

Erinnerung: »Dieses *[Gefühl]*.«

Klopfen Sie so lange bis das Gefühl auf Null ist. Sie werden bestimmt das nächste Mal ruhiger sein, wenn Sie mit Ihrem Nachbarn zu tun haben. Und wenn Sie gelassener mit ihm umgehen können, wird sich auch der Nachbar freundlicher verhalten. Wenn wir uns verändern, verändern sich auch die Reaktionen auf uns. Mein Vater hat immer gesagt: »Wie du in den Wald rufst, so schallt es heraus.« Recht hat er.

Lenken Sie Ihr Interesse auf Dinge, für die Sie dankbar sein können. Damit verstärken Sie Ihr positives Grundgefühl. Schreiben Sie am besten täglich eine Liste von erfreulichen Ereignissen in Ihr EFT-Tagebuch. Wir konzentrieren uns zu leicht auf die negativen Seiten unseres Lebens und vergessen die positiven.

»Ich bin dankbar für meine Katze«; »Ich bin dankbar dafür, dass heute morgen die Sonne scheint«; »Ich bin dankbar dafür, dass mein Chef mich gelobt hat«; »Ich bin dankbar dafür, dass mir mein Kind einen Kuss gegeben hat« und so weiter.

Wenn Sie jeden Tag fünf Minuten in Ihr EFT-Tagebuch schreiben, werden Sie sehen, wie Ihre Zufriedenheit von Tag zu Tag wächst.

Mit EFT das Gesetz der Anziehung für Geld, Reichtum und Wohlstand nutzen

Wer will nicht in Wohlstand leben? Die meisten Menschen wünschen sich einen Haufen Geld und stellen sich vor, in Saus und Braus zu leben. Sie denken, das sei dann das Glück. An dem Wunsch nach Reichtum ist ja eigentlich auch nichts auszusetzen, allerdings sollten Sie sich die Frage stellen, ob Sie allein mit Millionen Euro auf dem Konto wirklich glücklicher wären? Denn es sind nicht die äußeren Umstände, die uns glücklich machen, sondern unser innere Einstellung dazu. Sie können mit dreitausend Euro Gehalt glücklich und mit zwei Millionen unglücklich sein. Wenn Sie überraschend ein paar Millionen im Lotto gewinnen würden, könnten Sie mit diesem plötzlichen Reichtum vielleicht gar nicht umgehen. Es gibt viele Geschichten von Lottomillionären, die ihren Gewinn innerhalb kurzer Zeit verschleudert haben und dann unglücklicher waren als vorher.

Auch bei dem Wunsch nach mehr Wohlstand und Reichtum sollten Sie genau überlegen, was Sie erreichen wollen, damit Sie Ihr Reichtum dann auch glücklich macht. Sinnvoll ist, das Einkommen langsam zu steigern. Sagen wir, Sie haben im vergangen Jahr 30.000 Euro verdient, dann nehmen Sie sich vor, im kommenden Jahr 50.000 zu verdienen. Diesen Wunsch verankern Sie wie oben beschrieben in Ihrem Unterbewusstsein und geben ihn dann an das Universum ab. Stellen Sie sich vor, Sie hätten die 50.000 Euro schon erhalten. Sie sehen den Kontoauszug mit dem Guthaben 50.000 vor sich. Geben Sie in Ihrer Vorstellung schon einen Teil des Geldes aus, vielleicht für ein neues Auto.

Unbewusste Widerstände auflösen

Beobachten Sie Ihre Gefühle während der ›Einprogrammierung‹. Sagt Ihre innere Stimme: »Ja, aber...«? Meldet sie sich mit: »Ja, gute Idee, aber ich darf doch gar nicht wohlhabend sein.« Oder sagt sie: »Das steht dir nicht zu, viele Menschen hungern auf der Welt.« Oder: »Das klappt ja sowieso nicht, ich finde doch keinen besser bezahlten Arbeitsplatz.« Das sind die Glaubenssätze, die eine Verwirklichung Ihres Ziels blockieren. Um Ihr Ziel dennoch zu erreichen, bearbeiten Sie die blockierenden Glaubenssätze mit EFT.

Nehmen Sie Ihr EFT-Tagebuch und notieren Sie, warum Sie nicht wohlhabend sein dürfen. Vielleicht hat Ihr Vater immer gesagt: »Schuster bleib bei deinem Leisten«; oder: »Geld macht nicht glücklich« usw. Behandeln Sie solche, in Ihnen abgelegte Sätze mit ein paar Runden EFT oder fügen sie in den EFT-Ablauf ein, wie es mit verschiedenen Aspekten gemacht wird. Diese Glaubenssätze haben bislang Ihre Einstellung zu Wohlstand bestimmt und Ihre Wünsche blockiert.

Auf der nächsten Seite finden Sie eine Liste weit verbreiteter Glaubenssätze zum Thema Wohlstand. Spüren Sie in sich hinein, welche für Sie zutreffend sind. Forschen Sie nach, was Sie noch daran hindert, wohlhabend zu sein. Beantworten Sie folgende Frage: »Was haben Ihre Eltern und

- Mir ist es peinlich, wenn andere bemerken, dass ich viel Geld habe.
- Reiche Leute sind gierige Menschen und so will ich nicht sein.
- Reiche Leute sind unfair.
- Reiche Leute sind *[Was denken Sie?]*.
- Geld macht nicht glücklich.
- Ich darf nicht mehr haben, als meine Familie. Die sind sonst neidisch und bestrafen mich dafür.
- Ich darf nicht besser sein, als mein Vater (meine Mutter).
- Es darf mir nicht besser gehen als *[...]*.
- Geld ist schmutzig.
- Wenn ich nach Reichtum strebe, bin ich habgierig.
- Ich nehme anderen etwas weg, wenn ich reich bin.
- Ich darf nicht mehr haben, als andere, sonst lieben die mich nicht mehr.
- Ich verdiene es nicht, reich zu sein.
- Schuster bleib bei deinem Leisten.
- Es steht mir nicht zu.
- Ich glaube nicht, dass ich je zu Wohlstand kommen kann.
- Ich glaube nicht an mich.
- Wenn ich von anderen etwas annehme, bin ich verpflichtet, etwas wiederzugeben, sonst werden die böse.
- Ich bin selbst nicht genug, wie darf ich dann noch mehr als genug besitzen.

Ihre Verwandtschaft für Sprüche über Geld und Wohlstand gemacht?« Solche ›Lebensweisheiten‹ nehmen wir als Kinder auf und machen sie uns unbewusst zu Eigen.

Wenn Sie zum Beispiel festgestellt haben, dass Sie nicht wohlhabend sein dürfen, klopfen Sie nun diesen Glaubenssatz. Überlegen Sie sorgfältig, welche Aspekte damit verbunden sind, und lassen diese in den Ablauf mit einfließen. Oder Sie klopfen jeden Aspekt einzeln.

Bestimmen Sie zunächst wieder die Stärke des negativen Gefühls auf der Skala von 0 bis 10. In diesem Beispiel also für den Glaubenssatz: »Ich darf nicht wohlhabend sein.«

Einsstimmung: »Auch wenn ich nicht wohlhabend sein darf, akzeptiere ich mich voll und ganz.«

Erinnerung: »Ich darf nicht wohlhabend sein«; »Schuster bleib bei deinem Leisten«; »Ich darf nicht wohlhabend sein«; »Geld macht nicht glücklich«; »Ich darf nicht wohlhabend sein«; »Schuster bleib bei deinem Leisten«; »Ich entscheide mich dafür, wohlhabend zu sein und jährlich 50.000 zu verdienen«; »Ich verdiene es, wohlhabend zu sein«; »Ich bin offen dafür.«

Überprüfen Sie nun noch einmal die Intensität, die der Ausgangssatz bei Ihnen auslöst. Aber klopfen Sie mindestens drei Durchgänge oder bis Sie auf Null sind.

In dieser Weise bearbeiten Sie alle Bedenken, die während der Zieleinstellung auftauchen, mit EFT. Vielleicht braucht es nur eine Sitzung mit einigen Durchgängen. Aber wenn die Glaubenssätze hartnäckig sind, kann es auch mehrere Sitzungen über mehrere Tagen oder vielleicht auch Wochen brauchen.

Wenn Sie so Ihre Glaubenssätze erlöst haben, oder wenn es gar keine gibt, was ja auch sein kann, stellen Sie sich als nächstes sieben Tage lang zwei Mal täglich ihr Ziel vor. Versetzen Sie sich in die Situation hinein. Stellen Sie sich einen Haufen 200-Euro-Scheine vor und freuen sich, so viel Geld zu haben. Klopfen Sie dabei den Gamut-Punkt. Damit unterstützen Sie die Verankerung Ihres Wunsches im Unterbewusstsein. Sprechen Sie beispielsweise: »Ich entscheide mich dafür, im nächsten Jahr 50.000 Euro zu verdienen«; »Ich bin offen dafür, das Geld anzunehmen«; »Ich freue mich darüber«; »Es steht mir zu«; »Ich verdiene im nächsten Jahr 50.000 Euro«; »Oder zum bestmöglichen Zeitpunkt«; »So oder besser zum Wohle aller«; »Ich verdiene es, 50.000 Euro zu verdienen«; »Vielen Dank dafür Universum.«

Nach sieben Tagen geben Sie den Wunsch an das Universum ab und vergessen das Thema. Wenn aber in der Folgezeit Zweifel auftauchen, bearbeiten Sie die mit EFT. Sie wissen ja: Der Weg zur Erfüllung Ihrer Wünsche ergibt sich ohne Ihr Zutun.

Dies bedeutet natürlich nicht, dass Sie die Hände in den Schoß legen, in der Ecke sitzen und darauf warten, dass die gebratenen Tauben geflogen kommen. Kümmern Sie sich um Ihre positive Einstellung und erledigen Ihre täglichen Aufgaben so gut wie möglich. Wenn Sie positiv an die Dinge herangehen, dann macht es auch Spaß. Mit dem festen Glauben daran, dass Sie Ihr Ziel erreichen werden, wird Ihnen das Universum Hinweise geben, wie Sie – um bei dem Beispiel zu bleiben – die 50.000 Euro im nächsten Jahr verdienen werden.

Empfindungen zu Geld

Stellen Sie sich vor, Sie bummeln durch eine Fußgängerzone und halten Ausschau nach einem neuen Mantel. Sie schauen in dieses und jenes Schaufenster. Plötzlich kommt ein vornehm gekleideter Herr auf Sie zu, streckt Ihnen einen 200-Euro-Schein entgegen und sagt: »Hier, das Geld schenke ich Ihnen. Kaufen Sie sich etwas Schönes.« Wie würden Sie reagieren? Würden Sie das Geld ohne Probleme annehmen und einstecken? Einfach so? Oder würden Sie es ablehnen, weil Sie Bedenken haben, was der Fremde von Ihnen will?

Wenn Sie denken, dass Sie die 200 Euro nicht einfach annehmen könnten, dann sind Sie nicht darauf eingestimmt, Geld zu empfangen. Das sollten Sie ändern.

Nehmen Sie einen möglichst großen Geldschein in die Hand. Betrachten Sie ihn von allen Seiten. Stellen Sie sich vor, ein Fremder hätte Ihnen das Geld einfach so geschenkt. Wie fühlen Sie sich? Legen Sie den Geldschein vor sich hin und stufen das Gefühl ein. Benennen Sie Ihre Gefühle. Wenn diese diffus sind, macht das nichts.

Klopfen Sie dann mit dem Einstimmungssatz: »Auch wenn dieser Geldschein gemischte Gefühle bei mir auslöst, akzeptiere ich mich voll und ganz.«

Schauen Sie während des EFT-Ablaufs den Geldschein an, denn das ruft die im Unterbewusstsein vorhandenen Gefühle auf.

Einige typische Aspekte: »Es ist mir peinlich«; »Ich hab doch nichts dafür getan«; »Was will der von mir«; »Ich bin es nicht wert«; »Was muss ich dafür leisten?«; »Dann stehe ich in der Schuld«; »Es ist mir peinlich«; »Das kann ich doch nicht annehmen«; »Es steht mir nicht zu«; »Es gehört sich nicht«; »Ich bin doch nicht eigennützig.«

Abschluss: »Ich bin es wert, Geld anzunehmen und dankbar dafür zu sein.«

Es geht darum, dass Sie ein gutes Gefühl zu Geld bekommen. Wenn es Ihnen unangenehm ist, Geld zu besitzen, wird Ihr schlechtes Gewissen den Reichtum verhindern.

Offen für Geld sein

Viele Menschen sind der Meinung, sie bekämen sowie nichts ab und dass der Wohlstand an ihnen vorbei geht. Falls auch Sie so denken, dann macht der Wohlstand einen großen Bogen um Sie. Was Sie denken, wird Ihre Realität. Bauen Sie diese Blockade mit der Entscheidungstechnik ab.

Erster Durchgang

Einstimmung: »Auch wenn der Wohlstand um mich einen Bogen macht, akzeptiere ich mich voll und ganz.« Erinnerung: »Ich bekomme nichts ab.«

Zweiter Durchgang

Einstimmung: »Ich entscheide mich dafür, dass Geld leicht und einfach zu mir kommt.« Erinnerung: »Geld kommt leicht und einfach zu mir.«

Dritter Durchgang

Einstimmung: »Auch wenn der Wohlstand um mich einen Bogen macht, entscheide ich mich dafür, dass Geld leicht und einfach zu mir kommt.« Erinnerung (abwechselnd): »Wohlstand macht um mich einen Bogen«; »Geld kommt leicht und einfach zu mir«; »Wohlstand macht um mich einen Bogen«; »Geld kommt leicht und einfach zu mir.« (Abschluss immer mit der positiven Aussage.)

Existenzängste loslassen

In unserer Wirtschaftsordnung hat Geld etwas mit Existenz zu tun und ist deshalb oft mit Ängsten belastet. Das führt bei vielen dazu, dass sie ihr Geld horten. Natürlich ist es sinnvoll, einen Notgroschen auf der hohen Kante zu haben. Aber wenn wir auf unserem Geld sitzen und es nicht fließen lassen, kann auch nichts zurückkommen. Geld ist eine Energie und Energie wirkt nur, wenn sie fließt.

Wenn ich Angst vor Geldmangel ausstrahle, dann kommt der Geldmangel auch zu mir zurück. Also geben Sie im Rahmen Ihrer finanziellen Möglichkeiten Geld ins System und stellen sich vor, wie es fließt und in Strömen mehrfach zu Ihnen zurückkommt. Sagen Sie jedes Mal, wenn Sie etwas bezahlen: »Geld, komm zehnfach zu mir zurück!« So steigern Sie mit der Zeit Ihr Wohlgefühl, mit Geld umzugehen. Sie haben das Recht, wohlhabend zu sein, wie alle anderen Menschen auch.

Leben Sie jetzt

Schieben Sie Ihr Glück nicht hinaus, weil Sie meinen, Sie könnten erst glücklich sein, wenn Sie wohlhabend sind oder sich einen Porsche kaufen können oder eben was Sie ganz persönlich sich wünschen. Auch wenn Sie finanziell knapp sind, können Sie Freude empfinden. Nörgeln Sie nicht an Ihren Lebensumständen herum. Akzeptieren Sie Ihre Situation, wie sie ist, und fühlen Sie sich reich, reich an dem, was Sie haben. Schauen Sie sich Ihre Dankbarkeitsliste an, dann fällt es Ihnen gleich leichter, sich reich zu fühlen.

Wenn Sie vor einem Berg von Schulden sitzen, dann kümmern Sie sich darum, sich dessen ungeachtet gut zu fühlen. Dann fällt es Ihnen nämlich viel leichter, mit voller Kraft alles zu tun, um aus der Situation wieder heraus zu kommen. Schlechte Gefühle bringen Ihnen und Ihren Gläubigern gar nichts. Fassen Sie Mut und sagen sich: »Ich komme aus der Schuldenfalle heraus.« EFT unterstützt Sie dabei. Nehmen Sie einen Stift und Papier oder Ihr EFT-Tagebuch und denken Sie an Ihre Schulden. Schreiben Sie alles auf, was Ihnen dazu in den Sinn kommt. Anschließend entscheiden Sie, welches Ziel Sie sich vornehmen wollen.

Das Gefühl gegenüber Schulden bearbeiten

Einstimmung: »Auch wenn ich diese Schulden habe, akzeptiere ich mich voll und ganz.«

Erinnerungen: »Diese blöden Schulden«; »Ich habe über meine Verhältnisse gelebt«; »Ich kann mit Geld nicht umgehen«; »Ich habe meinen Job verloren«; »Ich kann das nie zurückzahlen«; »Die Schuldenlast erdrückt mich«; »Weil ich Schulden habe, darf ich nicht fröhlich sein«; »Ich bin schuld«; »Die Nachbarn schauen mich schief an«; »Meine Familie denkt, dass ich ein Versager bin«; »Ich habe das Gefühl, die Menschen meiden mich.«

Vorschläge für den Abschluss: »Ich fühle mich ungeachtet meiner Schulden wohl«; »Ich entscheide mich, dass es mir dennoch gut geht«; »Ich entscheide mich, dass Geld zu mir kommt«; »Ich entscheide mich, dass ich ohne Schulden leben darf«; »Ich tue alles dafür, aus den Schulden heraus zu kommen.«

Jedes Mal, wenn Sie die Schulden zu erdrücken scheinen, versuchen Sie nicht, das zu verdrängen, weil sonst das Gefühl garantiert immer wieder kommt. Thematisieren Sie lieber das Gefühl in einer EFT-Anwendung und klopfen Sequenzen, bis Sie auf Null sind.

Negative Gefühle sind oft von körperlichen Reaktionen begleitet. Die können Sie so mit einbeziehen: »Auch wenn mein Herz pocht, wenn ich an meine Schulden denke, akzeptiere ich mich voll und ganz.« Oder: »Auch wenn mir der Gedanke an meine Schulden den Hals zuschnürt, akzeptiere ich mich voll und ganz.«

Zielprogrammierung für Schuldner

Wenn Sie nach einigen Klopfdurchgängen die Tatsache, dass Sie Schulden haben, entspannter betrachten können, sollten Sie Ihre Wünsche an das Universum abschicken. Stellen Sie sich beispielsweise bildlich vor, dass Sie alle Schulden abgezahlt haben. Sehen Sie, wie Sie wieder mehr Geld auf dem Konto haben und sich wieder schöne Dinge kaufen können.

Mein Vorschlag für die Einstimmung: »Ich entscheide mich dafür, meine Schulden loszuwerden«; »Ich entscheide mich dafür, monatlich *[Betrag Ihrer Wahl]* Euro nur für mich zu haben«; »Ich bin offen für ein größeres Einkommen«; »Ich freue mich darüber, es steht mir zu, ich verdiene es, zum bestmöglichen Zeitpunkt, so oder besser, zum Wohle aller«; »Ich entscheide mich dafür, meine Schulden zu tilgen und monatlich *[Betrag Ihrer Wahl]* Euro nur für mich zu haben. Vielen Dank dafür Universum.«

Selbstverständlich sollten Sie alles tun, was in Ihrer Macht steht, um die Schulden loszuwerden. Lassen Sie sich beispielsweise von einer Verbraucherberatung unterstützen. Mit einem positiven Gefühl lassen sich die Schulden leichter abtragen.

Mit EFT das Gesetz der Anziehung für Ihre Gesundheit nutzen

Die Wirkung von Glaubenssätzen

Das Gesetz der Anziehung gilt immer. Wir ziehen das an, was wir ausstrahlen. Dies gilt natürlich auch für unser körperliches Wohlbefinden. Auch in diesem Bereich bestimmen unbewusste Glaubenssätze unser Denken und Handeln und daraus resultiert unser körperlicher Zustand. Wenn Sie vor Kraft strotzen, sich sicher fühlen und die Welt umarmen könnten, ist Ihr Immunsystem stark und wird fast jeden Krankheitsangriff abwehren können. Wenn Sie ängstlich sind, schwächt Sie das und macht Sie für Krankheiten anfällig.

Wie stark negative Glaubenssätze wirken können, zeigt ein Beispiel. Frau S. liegt mit einer nicht bedrohlichen Herzklappenkrankheit (Trikuspide Stenose, TS) und einer leichten Herzinsuffizienz zur Untersuchung im Krankenhaus. Der Oberarzt kommt in Begleitung von Assistenzärzten, Praktikanten und Medizinstudenten an ihr Bett und erörtert ihren Fall. Bevor die Gruppe das Zimmer wieder verlässt, fasst der Oberarzt zusammen: »Hier haben wir eine typische TS.« Kurz danach kommt ein Arzt zu der Patientin und stellt fest, dass sie eine Panikreaktion hat und hyperventiliert. Er beruhigt sie und fragt dann, was vorgefallen sei. Die Patientin antwortet, der Oberarzt habe gesagt, dass sie mit Sicherheit sterben werde. »Er hat TS gesagt. Ich weiß, das bedeutet terminale[1] Situation. Ihr Ärzte sagt uns doch die Wahrheit nie direkt. Ihr versucht immer, etwas zu verschleiern, damit es nicht so ein schwerer Schlag für uns ist. Aber ich weiß, was er gemeint hat.« Sie lässt sich nicht davon abbringen. Alle Beteuerungen des Arztes nutzen nichts. Sie glaubt, dass er sie nur vor der schrecklichen Wahrheit bewahren will. Ihr Zustand spitzt sich zu, obwohl es keinerlei Anzeichen für eine Verschlechterung ihres Herzleidens gibt. Sie stirbt noch am selben Tag.[2]

[1] zum Tode führende

[2] vgl. Brody, Howard und Daralyn: Der Placebo-Effekt. München 2002

Wenn eine starke negative Überzeugung solche Auswirkungen haben kann, dann müssen positive Glaubenssätze auch bei scheinbar aussichtlosen Krankheiten Gesundheit herstellen können. Ich bin fest davon überzeugt, was der Körper an Krankheit produzieren kann, kann er auch selbst reparieren. Was sonst kann die von der Schulmedizin so genannten Spontanheilungen erklären, wobei sich etwa Krebsgeschwüre, die eigentlich tödlich sein müssten, plötzlich zurückbilden und der Patient gesundet.

So geschehen bei Cathy Goodmann. Nachdem der Arzt bei Ihr Brustkrebs diagnostiziert hatte, ging sie daran, sich dem zu widersetzen. Anstatt sich lange mit Details der Krankheit zu beschäftigen, stellte sie sich vor, geheilt zu sein und dankte dem Universum für ihre Heilung. Zusätzlich visualisierte Sie, dass ihr Körper keine Krebszellen entwickelt hatte, vermied jeden Stress, schaute sich lustige Filme an und lachte viel. Sie glaubte fest an ihre Heilung. Und nach drei Monaten – so schildert Cathy ihre Geschichte in dem Film »The Secret« – sei sie ganz ohne Chemotherapie und Bestrahlung geheilt gewesen.

Viele Spontanheilungen geschehen, weil die Betroffenen ihr tägliches Leben ändern, Konflikte aufarbeiten, sich bewusster mit der Krankheit auseinander setzen und an ihre Heilung glauben.

Bestimmen Sie selbst über Ihren Körper

Wenn Sie gesund bleiben oder werden wollen, müssen Sie Ihre Gesundheit selbst in die Hand nehmen. Nicht die Umwelt oder die Viren oder die Umstände oder was auch immer sind verantwortlich für Ihre Beschwerden. Natürlich wirkt das alles auf Sie ein, aber es kommt darauf an, wie Sie und Ihr Körper darauf reagieren. Und das können Sie beeinflussen.

Damit meine ich nicht, dass Sie gar nicht mehr zum Arzt gehen sollen. Natürlich müssen bestimmte Beschwerden und Anzeichen von Krankheiten abgeklärt werden. Ich warne auch ausdrücklich davor, Medikamente ohne Absprache oder fachliche Kontrolle abzusetzen. Es lohnt sich aber zu prüfen, welche Pillen wirklich notwendig sind. Zu oft greifen wir zur Tablette, obwohl es gar nicht nötig ist. Die meisten Beschwerden kann der Körper nämlich selbst heilen. Und wenn wir ein Krankheitsbewusstsein in ein Gesundheitsbewusstsein verwandeln, macht das Arzt und Medikamente oft überflüssig.

Wie stärken Sie nun Ihre Widerstandskraft? Indem Sie EFT und das Gesetz der Anziehung nutzen. Richten Sie Ihre Aufmerksamkeit nicht auf die Krankheit sondern auf Gesundheit. Egal von welchem Leiden Sie erfasst werden, denken Sie nicht an Krankheit, denken Sie immer an Heilung.

Stress abbauen

Krankheit ist hauptsächlich die Folge von Stress, dem der Körper auf Grund von negativen Erfahrungen ausgesetzt war. Gary Craig geht davon aus, dass ungelöste negative Gefühle der Grund für die meisten Schmerzen und körperlichen Krankheiten sind.

Für den EFT praktizierenden Arzt Dr. Eric Robins gilt dies für etwa 85 Prozent aller Beschwerden: »Some day the medical profession will wake up and realize that unresolved emotional issues are the main cause of 85 % of all illnesses. When they do, EFT will be one of their primary healing tools... as it is for me.«*

EFT wirkt erwiesenermaßen bei vielen körperlichen Beschwerden, speziell bei Krankheiten, bei denen die Schulmedizin nicht so genau weiß, warum sie auftreten, etwa bei Asthma, Allergien, Migräne, Rückenschmerzen und allen Arten von undefinierbaren Schmerzen. Jede Erkrankung hat immer auch psychische Anteile beziehungsweise eine psychische Vorgeschichte. Die psychische Belastung führt zur Störung körperlicher Funktionen, Organe werden angegriffen, Schmerzen treten auf. Mit EFT können Sie emotionale Wunden bearbeiten und damit die Ursache der körperlichen Störung beseitigen. Wenn die emotionale Belastung gelöst ist, können die Selbstheilungskräfte des Körpers frei wirken und eventuelle organische Schäden reparieren. EFT hilft, die unangenehme Situation zu überstehen, unterstützt den Körper bei der Genesung und schafft beste Voraussetzungen für gesundheitlichen Erfolg.

*Eric Robins, MD, zit. nach Internet-Seite www.emofree.com, 2007

Grundlagen für ein gesundes Leben

Erster Schritt
Negative Erfahrungen auflösen

Um gesund zu werden beziehungsweise zu bleiben, bietet sich als erste Maßnahme der Friedensprozess an, mit dem Sie unverarbeitete Ereignisse aus Ihrem Leben aufarbeiten, wie im Kapitel »Seelischer Hausputz« beschrieben.

Versuchen Sie auch, sich an Erfahrungen mit Krankheiten zu erinnern, die Sie in Ihrer Kindheit gemacht haben. Sind Erinnerungen daran noch problematisch für Sie? Wie haben Sie sich damals gefühlt? Wurden Sie oft krank? Warum? Haben Sie sich verstanden gefühlt?

Klopfen Sie negativ besetzte Erinnerungen mit der Filmtechnik, bis Sie keine Stressreaktion mehr empfinden. Und auch hier ist es wichtig, falls sich hinter den erinnerten Ereignissen starke Emotionen verbergen, so lange zu klopfen, bis sich diese Gefühle beruhigt haben. Falls Sie allein nicht weiter kommen, empfiehlt es sich, Unterstützung bei einem erfahrenen EFT-Spezialisten zu suchen.

Ich fühle mich ausgeliefert.

Die Welt ist schlecht.

Ich bin an allem Schuld.

Ich fühle mich hilflos.

Es trifft immer mich und nie die anderen.

Ich werde immer krank.

Ich verdiene es nicht, gesund zu sein.

Ich darf nicht gesund sein.

Ich darf nicht stark sein.

Meine Krankheit ist unheilbar.

Ich habe Angst, meine Krankheit loszulassen.

Ich habe nicht die Kraft, meine Krankheit zu überwinden.

Ich werde für *[...]* bestraft.

Ich habe die Krankheit verdient.

Zweiter Schritt
Glaubenssätze finden und bearbeiten

Frau S. starb, weil sie fest davon überzeugt war, dass der Arzt sie belogen hatte. Ihr Glaubenssatz war, dass Ärzte Todkranken nicht die Wahrheit über ihren Zustand sagen. In Verbindung mit einem Missverständnis war sie deshalb felsenfest davon überzeugt, der Arzt habe gesagt, sie müsse sterben. Also starb sie.

Irgendwelche negativen Überzeugungen haben wir so ziemlich alle, was Krankheiten betrifft, ganz besonders. Diese Glaubenssätze gilt es aufzulösen, um die Grundlage für eine natürliche Gesundheit zu schaffen. Schauen Sie die nebenstehende Liste durch und spüren bei jeder einzelnen Aussagen nach, ob sie auch für Sie zutrifft.

Vielleicht entdecken Sie auch noch ganz andere Glaubenssätze, die Sie mit Gesundheit beziehungsweise Krankheit verbinden. Klopfen Sie Ihre Sätze über eine längere Zeit, etwa drei Wochen lang jeden Tag oder bis Sie den Eindruck haben, dass sie sich aufgelöst haben. Dazu bietet sich sehr gut die Entscheidungstechnik an. Für den

Glaubenssatz: »Ich fühle mich ausgeliefert«, wäre die Vorgehensweise zum Beispiel wie folgt.

Der Eingangssatz lautet wie immer: »Auch wenn ich mich den *[Ihre Beschwerde z. B. Kopfschmerzen, Gallensteine, Rückenschmerzen]* ausgeliefert fühle, akzeptiere ich mich voll und ganz.«

Dann überlegen Sie sich eine positive Aussage. Beachten Sie dabei die Regeln für positive Aussagen. Hier beispielsweise: »Ich entscheide mich dafür, mich sicher zu fühlen.«

Dann klopfen Sie drei Durchgänge, wie folgt.

1. Eingangssatz: »Auch wenn ich mich meinen *[Beschwerde]* ausgeliefert fühle, akzeptiere ich mich voll und ganz.«
   Erinnerungssatz: »Ich fühle mich ausgeliefert.«
2. Eingangssatz: »Ich entscheide mich dafür, mich sicher zu fühlen.«
   Erinnerungssatz: »Ich fühle mich sicher.«
3. Eingangssatz: »Auch wenn ich mich meinen *[Beschwerde]* ausgeliefert fühle, entscheide ich mich dafür, ich fühle mich sicher.«
   Erinnerungssatz an jedem Klopfpunkt wechselnd:

»Ich fühle mich ausgeliefert.«
»Ich fühle mich sicher.«
»Ich fühle mich ausgeliefert.«
»Ich fühle mich sicher.« usw.

Achten Sie darauf, dass Sie am Ende, wenn Sie den Handkantenpunkt klopfen, immer eine positive Aussage machen.

Klopfen Sie diesen dreistufigen Durchgang so lange drei Mal täglich, bis sich ein starkes sicheres Gefühl einstellt.

Gesund bleiben

Sie sind gesund! Ihnen fehlt nichts? Wunderbar! Oder haben Sie vielleicht doch Bedenken, Sie könnten krank werden? Denken Sie vielleicht, dass Sie im Winter immer eine Erkältung haben? Denken Sie an das Gesetz der Anziehung. Ihren Gedanken folgt die Realität. Deshalb lohnt es sich, die Einstellung zum Krankwerden und die damit verbundenen Gedanken bewusst zu machen und mit Klopfen zu klären, auch wenn Sie aktuell gesund sind und sich wohl fühlen. Sorgen Sie dafür, dass es so bleibt, indem Sie den positiven Glaubenssatz in sich stärken und verankern: »Ich bin gesund. Ich bleibe gesund.«

Wenn Sie Angst haben, krank zu werden, oder bei aufrichtiger Selbstbefragung eine solche Angst entdecken, können Sie mit einer Wunschprogrammierung diese Angst auflösen und dafür sorgen, dass Sie so gesund bleiben, wie Sie sind.

Stellen Sie sich Ihre Gesundheit bildhaft vor, fühlen Ihr Wohlbefinden und sprechen laut: »Ich bin gesund und ich bleibe gesund.« Klopfen Sie dabei zur Festigung der Aussage im Unterbewusstsein den Gamut-Punkt. So stärken Sie Ihr Gesundheitsbewusstsein und werden stabiler gegen Beschwerden. Wenn Sie konkrete Ängste etwa vor Schmerzen, Heuschnupfen, Atemnot oder was auch immer haben, klopfen Sie diese gezielt.

Eingangssatz: »Auch wenn ich Angst vor *[Krankheit, Schmerzen etc.]* habe, akzeptiere ich mich voll und ganz.«

Erinnerungssatz: »Meine Angst vor *[Krankheit, Schmerzen etc.]*.«

Abschluss mit: »Ich entscheide mich dafür, gesund zu sein. Ich bin gesund.« Stellen Sie sich dabei bildlich stark und gesund vor, denn Sie wissen ja, was Sie ausstrahlen, kommt zu Ihnen zurück.

Falls Ihnen beim Klopfen Bedenken kommen wie etwa: »Ich kann doch sowieso nichts gegen die Viren tun«; oder: »Ich bekomme diese Kopfschmerzen doch sowieso immer«; oder auch: »Das hilft ja doch nicht«; dann klopfen Sie diese Glaubenssätze ebenfalls. Wenn Sie auf diese Weise alle Zweifel auflösen, werden sicher keine Beschwerden auftreten.

Akute Erkrankung

Auch bei einer akuten Erkrankung hilft Ihnen EFT. Klopfen Sie alle Symptome, die auftauchen. Dadurch können Sie die Beschwerden lindern und den Heilungsprozess beschleunigen. Bei einer Grippe würde der Ablauf etwa wie folgt aussehen. Bei anderen Unpässlichkeiten und Erkrankungen wandeln Sie ihn entsprechend ab.

Eingangssatz: »Auch wenn ich diese Grippe habe, akzeptiere ich mich voll und ganz.«

Erinnerungssätze: »Diese unangenehme Grippe«; »Diese Halsschmerzen«; »Dieser Husten«; »*[evtl. weitere Symptome bzw. Beschwerden]*.«

Abschlusssatz: »Ich entscheide mich dafür, frei von Beschwerden zu sein. Ich bin beschwerdefrei.«

Während Sie diesen Satz sprechen, visualisieren Sie eine Situation, in der es Ihnen so richtig wohl erging. Vielleicht denken Sie an Ihren Urlaub, in dem Sie besonders glücklich waren.

Nehmen Sie EFT wie ein Medikament,* also klopfen Sie mehrmals täglich, bis zu zehn Mal und zwar jeweils zu bestimmten Tageszeiten, wie etwa nach dem Aufstehen, vor dem Essen etc. und natürlich bei akuten Beschwerden. Klopfen Sie jeweils mehrere Durchläufe, bis die Beschwerden geringer sind.

Wie schnell sich der Erfolg bei körperlichen Beschwerden einstellt, hängt von vielen Faktoren ab. Sie können sehr schnell verschwinden, manchmal sogar nach Minuten, es kann aber auch je nach Krankheit Tage, Wochen oder Monate dauern. Wichtig ist, dass Sie dran bleiben. Die Besserung kommt irgendwann, aber mit Hilfe von EFT kommt Sie mit Sicherheit schneller.

*EFT ersetzt nicht die Symptomabklärung durch einen Arzt

Schmerzen

Viele Schmerzen entstehen durch Stress, dann sind meist Kopf, Rücken oder Magen betroffen. Schmerzen oder auch einfach nur Unwohlsein wie ein Ziehen in der Magengegend, Kopfbrummen, Rückenschmerzen oder ein Druck auf der Brust haben fast immer psychische Hintergründe. In solchen Fällen werden Sie deshalb mit EFT gute Erfolge erzielen. Gehen Sie vor, wie inzwischen gewohnt. Sprechen Sie dabei die schmerzende Stelle gezielt an, also nicht allgemein »Kopfschmerzen« sondern »die Schmerzen im Hinterkopf« oder »die Schmerzen im linken Ellenbogen«. Je genauer Sie den Schmerz ansprechen, desto besser. Lassen Sie Ihre Aufmerksamkeit beim Klopfen auf der betroffenen Körperstelle ruhen.

Eingangssatz: »Auch wenn ich diese Schmerzen im Hinterkopf auf der rechten Seite habe, akzeptiere ich mich voll und ganz.«

Erinnerungssatz: »Diese Schmerzen im Hinterkopf auf der rechten Seite«; »Diese Schmerzen im Hinterkopf auf der rechten Seite«; »Ich lasse sie los«; »Diese Schmerzen im Hinterkopf auf der rechten Seite«; »Ich lasse sie los«; »Diese Schmerzen im Hinterkopf auf der rechten Seite«; »Ich lasse sie los.«

Drei Durchgänge sollten Sie mindestens klopfen. Stellen Sie dann den Stresswert auf der Skala von 0 bis 10 fest. Sind die Schmerzen verschwunden, wunderbar, wenn nicht, machen Sie weiter, bis sie auf Null sind.

Es kann sein – und das passiert relativ oft –, dass der ursprüngliche Schmerz nicht mehr oder nicht mehr so stark zu spüren ist, sich aber an anderer Stelle eine unangenehme Empfindung meldet. Es schmerzt nicht mehr im Hinterkopf sondern vielleicht hinter der Stirn. Der Schmerz ist gewandert. Sprechen Sie dann im nächsten Durchgang die Schmerzen hinter Stirn an, bis diese verschwunden sind. Auf diese Weise können Schmerzen immer weiter durch den Körper wandern. Bleiben Sie ihnen auf den Fersen und klopfen so lange bis die Schmerzen Ihren Körper verlassen haben. Danach werden Sie eine allgemeine Erleichterung spüren.

Falls die Schmerzen irgendwann wiederkommen, klopfen Sie erneut auf die gleiche Weise. Lassen

Sie nicht nach. Die Ursachen für manche Schmerzen sind tiefsitzend und hartnäckig, aber wenn Sie unermüdlich EFT anwenden, wird die Erleichterung immer dauerhafter und nachhaltiger.

Es kann auch sein, dass Sie Schmerzen klopfen und dabei negative Gedanken hochkommen. Das ist ein gutes Zeichen dafür, dass sich der psychische Hintergrund zu lösen beginnt. Greifen Sie diese Gedanken auf und klopfen sie, wie es für Sie inzwischen ja schon Routine ist.

Beispiel aus meiner Praxis: Schmerzen wegen Schuldgefühlen

Klaus kommt zu mir und beklagt sich über Schmerzen in der Brust. Er hat sie sich vor vielen Jahren beim Heben eines schweren Rohres zugezogen und seitdem sind sie fast immer da. Wir klopfen mit: »Diese Schmerzen in der Brust«, und nach drei Durchgängen sind sie verschwunden, tauchen aber etwas abgeschwächt im Nacken auf. Nach weiteren zwei Durchgängen mit: »Diese Schmerzen im Nacken«, spürt Klaus seinen Hals schmerzhaft zugeschnürt und er erinnert sich daran, wie seine Mutter unter Multipler Sklerose litt. Klaus konnte ihr damals nicht helfen, weil er viele Überstunden machen musste und seine Arbeitsstelle nicht gefährden wollte. Deshalb hat er bis heute starke Schuldgefühle. Wir klopfen: »Auch wenn mir die Schuldgefühle im Hals stecken, akzeptiere ich mich voll und ganz.« Nach vier Sequenzen entspannt sich seine Mimik merklich, es huscht sogar ein Lächeln über sein Gesicht. Der Schmerz sei verschwunden, freut sich Klaus. Die Erleichterung steht ihm ins Gesicht geschrieben.

EFT bei ernsten Erkrankungen

EFT hilft bei vielen Beschwerden und unterstützt jeden Heilungsprozess. EFT löst Ängste und Unsicherheiten, die mit fast jeder Krankheit einher gehen, und stärkt das Immunsystem. Gary Craig empfiehlt: »Versuch es bei allem.«

Selbst wo es für unmöglich gehalten wurde, weil alle anderen Methoden schon versagt hatten, konnte EFT Linderung und Heilung verschaffen. Auf der Internet-Seite von Gary Craig sind Beispiele aufgeführt, wo EFT bei Krankheiten geholfen hat, bei denen man es zunächst nicht erwartet hätte, wie Multiple Sklerose, Fibromyalgie, Blutdruck, Diabetes u. a.

Das Beispiel Cathy Goodmann (s. o.) hat ja gezeigt, dass allein der feste Glaube an die Heilung sogar ernsthafte Krankheiten wie Krebs besiegen kann. So gibt es viele Fälle, in denen trotz scheinbar unheilbarer Krankheit eine positive Einstellung und Affirmationen zur Genesung geführt haben. Wenn Gedanken Einfluss auf die Materie haben – und der Körper ist ja Materie –, dann können sie auch Ihren Genesungsprozess beschleunigen und Ihre Gesundheit wieder herstellen. Was wir ausstrahlen, ziehen wir an.

Doch gerade bei schweren Erkrankungen wie etwa Krebs oder Multiple Sklerose fällt es besonders schwer, die Gedankenkraft, unsere Aufmerksamkeit auf Gesundheit zu richten. Wir denken eher: »Wieso muss es gerade mich treffen?«; oder: »Wie lange habe ich noch zu leben?« Wir sind mit unseren Beschwerden beschäftigt und müssen die Diagnose des Arztes verarbeiten und den damit verbundenen Schock verdauen.

EFT ist eine starke Unterstützung, die Gedanken wieder in eine positive Richtung zu lenken und das Ziel Gesundheit fest ins Auge zu fassen. Bei ernsthaften Erkrankungen ist es allerdings sinnvoll, sich anfangs von einem erfahrenen EFT-Spezialisten beraten zu lassen.

Zuerst sollten Sie die Krankheit selbst zum Thema machen. Nehmen Sie Ihre Situation an, wie sie ist. Das nimmt der Verzweifelung meist schon einen großen Teil ihrer schwächenden Energie.

Eingangssatz: »Auch wenn ich *[Krankheit]* habe, akzeptiere ich mich voll und ganz.«

Erinnerungssatz: »Diese *[Krankheit]*.«

Abschlusssatz: »Ich entscheide mich, ruhig und gelassen zu sein.«

Bearbeiten Sie im nächsten Schritt die negativen Gefühle, die mit der Krankheit einhergehen, also beispielsweise Angst vor dem Sterben, Angst, verlassen zu werden, die Arbeit zu verlieren, ausgestoßen zu werden und so weiter oder belastende Gedanken wie Schuldgefühle, Selbstvorwürfe und so weiter, alles was Ihnen einfällt, wenn Sie an Ihr ›Schicksal‹ denken. Also zum Beispiel:

Einstimmung: »Auch wenn ich diese Angst vor *[…]* habe, akzeptiere ich mich voll und ganz.«

Erinnerung: »Diese Angst vor *[…]*.«

Abschluss: »Ich entscheide mich dafür, ruhig und gelassen zu sein.«

Behandeln Sie dann noch Glaubenssätze, die Sie eventuell entdecken, wie bereits beschrieben. Gehen Sie die Liste möglicher Glaubenssätze durch und spüren in sich hinein, welcher auf Sie zutrifft, oder Sie finden Ihre eigenen Glaubenssätze, während Sie die Liste lesen.

Klopfen Sie immer alle akuten Symptome und Begleiterscheinungen, also neben den eigentlichen Schmerzen auch Müdigkeit, Kribbeln in den Beinen, Schwindel und so weiter bis diese nachlassen, aber klopfen Sie immer mindestens drei Durchgänge.

Eingangssatz: »Auch wenn ich so müde bin / das Kribbeln in den Beinen habe usw., akzeptiere ich mich voll und ganz.«

Erinnerung: »Diese Müdigkeit / dieses Kribbeln / dieser Schwindel usw.«

Abschluss: »Ich entscheide mich dafür, gesund zu sein.«

Stellen Sie sich außerdem täglich vor, gesund zu sein. Malen Sie sich eine Situationen aus, in denen es Ihnen gut ging, beispielsweise wie Sie am Strand im Urlaub liegen und einen Sonnenuntergang betrachten oder wie Sie vor lauter positiver Energie die Welt umarmen können. Klopfen Sie dazu den Gamut-Punkt und sprechen: »Ich entscheide mich dafür, gesund zu sein. Ich bin dankbar dafür. Ich bin gesund.«

Wenn wieder Ja-Aber-Sätze in Ihnen hochkommen wie etwa: »Aber meine Heilchancen sind doch ganz gering«, oder: »Der Arzt hat doch aber gesagt, dass *[...]*.« Schreiben Sie diese Glaubenssätze auf und klopfen Sie.

Einstimmung: »Auch wenn meine Chancen zu genesen nicht sehr groß sind, akzeptiere ich mich voll und ganz.«

Erinnerung: »Meine geringen Heilungschancen.«

Abschluss: »Ich entscheide mich dafür, gesund zu sein. Ich bin dankbar dafür. Ich bin gesund.«

Je mehr wir eine Krankheit als ernst empfinden, desto mehr unaufbereitete Konflikte sind daran beteiligt und entsprechend aufwendig ist die Aufarbeitung mit EFT. Also bleiben Sie unermüdlich dran. Stärken Sie durch das Klopfen langsam Ihr Gesundheitsbewusstsein, bis es Ihnen gut geht.

Das können Sie noch unterstützen, indem Sie mehrmals am Tag den Gamut-Punkt klopfen und sprechen: »Ich liebe mich, so wie ich bin. Und es geht mir mit jedem Tag besser und besser.«

EFT und des Gesetz der Anziehung in Kürze

In vier Schritten zum Ziel

1 *Das Ziel formulieren*

Entscheiden Sie, wohin die Reise gehen soll, je genauer, desto besser. Sie haben die Wahl, alles ist möglich. Aber streben Sie bitte keine Ziele an, die anderen Menschen schaden können.

2 *Nachfühlen*

Welche Bedenken tauchen auf, wenn Sie an Ihr Ziel denken? Lösen Sie diese mit EFT auf, bis Sie ohne Widerspruch an Ihr Ziel denken können. Welche Einsprüche in Ihnen schlummern, können Sie mit einer Imagination herausfinden. Suchen Sie sich einen Gegenstand im Raum aus, der sich einige Meter von Ihnen entfernt befindet, etwa ein Tisch. Stellen Sie sich nun vor, dieser Tisch sei Ihr Wunsch, der da vorne erfüllt vor Ihnen steht. Gehen Sie langsam aber zielstrebig auf den Tisch zu. Jedes Mal wenn Ihr Unterbewusstsein Bedenken anmeldet, bleiben Sie stehen und klopfen Sie, bis sie weg sind. Wiederholen Sie diese Prozedur bis Sie ohne innere Widerstände auf Ihr Ziel (Tisch) zugehen können.

3 *Bildlich vorstellen*

Stellen Sie sich Situationen bildlich vor, in denen Ihr Ziel erreicht ist. Fühlen Sie sich intensiv hinein, dadurch programmieren Sie Ihren Wunsch in Ihr Bewusstsein. Tun Sie das zweimal täglich mindestens sieben Tage lang.

4 *Abgeben*

Geben Sie Ihr Ziel an das Universum ab und vergessen es. Sie wissen, was Sie aussenden, kommt zu Ihnen zurück. Mit dem Aussenden haben Sie Ihren Teil erfüllt, das Zurückkommen ist ein Naturgesetz und dafür ist das Universum zuständig. Also vertrauen Sie darauf, dass Ihr Wunsch erfüllt wird. Und wenn Sie noch Zweifel feststellen, dann klopfen Sie mit EFT, bis sie ausgeräumt sind.

Dankbarkeit

Dankbarkeit stärkt die positive Energie in Ihnen und trägt deshalb dazu bei, dass Positives zu Ihnen zurückkommt. Seien Sie dankbar für das, was Sie schon haben. Schreiben Sie alles in Ihr EFT-Heft, was Sie mit Dankbarkeit erfüllt. In Momenten, in denen Sie das Gefühl haben, es würde Ihnen etwas fehlen, können Sie diese Liste hervorholen. Das hilf Ihnen, in die positive Energie der Dankbarkeit zurückzufinden.

Und wenn Sie sich etwas wünschen und es trotz aller Bemühungen nicht in Erfüllung geht, dann seien Sie auch dafür dankbar. Möglicherweise ist in Ihnen ein bislang unerkannter Wunsch viel stärker, der dem unerfüllten entgegen steht. Und vielleicht ist es viel besser für Sie, wenn er unerfüllt bleibt, damit sich der andere, noch nicht erkannte Wunsch erfüllen kann. Das Universum ist sehr weise und tut immer das, was für Sie das Beste ist, auch wenn wir in der aktuellen Situation nicht immer erkennen und einsehen, dass es so ist.

Weitere Informationen über EFT

Steve Wells; Dr. David Lake
Pocket-Guide EFT
Emotionale Freiheit Techniken
128 Seiten, Softcover
ISBN 978-3-88755-265-7

Gary Craig sagt: *Dieser Pocket-Guide leitet Sie auf kompetente Weise auf Ihrem Weg zu emotionaler Freiheit. Führen Sie ihn immer bei sich und lassen Ihre Freunde daran teilhaben. Sie teilen ein unbezahlbares Geschenk von Glück und Wohlgefühl.*

Mehr Informationen über EFT, Technik und Trainer finden sich auf der Internet-Seite von Gary Craig: www.emofree.com. Von Ulrich Görres gibt es zu EFT eine DVD auf dessen Internet-Seite: www.eft-berater.de.

Dr. Christiana Kieser
Lukas und die Monster unterm Bett
Klopf, klopf, klopf, ich helfe dir
48 Seiten, vierfarbig, Festeinband
ISBN 978-3-88755-402-6

Dr. Wilfried Ehrmann
Handbuch der Atem-Therapie
400 Seiten, Festeinband
ISBN 978-3-88755-050-9

Steve Rother
befreit leben
Die zwölf primären Lebenslektionen meistern
224 Seiten
ISBN 978-3-88755-269-5

Dr. Winfried Picard
Schamanismus und Psychotherapie
Kräfte der Heilung
208 Seiten, Festeinband
ISBN 978-3-88755-245-9